特许公司600年
CHARTERED COMPANIES

〔英〕乔治·考斯顿 〔英〕奥古斯·亨利·基恩◎著
赵真华 冯国华◎译

浙江人民出版社

图书在版编目（CIP）数据

特许公司600年：从冒险公司到东印度公司 /（英）乔治·考斯顿，（英）奥古斯·亨利·基恩著；赵真华，冯国华译. — 杭州：浙江人民出版社，2024.7
 ISBN 978-7-213-11496-0

Ⅰ. ①特… Ⅱ. ①乔… ②奥… ③赵… ④冯… Ⅲ. ①公司—研究—英国 Ⅳ. ①F279.565

中国国家版本馆CIP数据核字(2024)第111837号

特许公司600年：从冒险公司到东印度公司

TEXUGONGSI 600NIAN: CONG MAOXIANGONGSI DAO DONGYINDUGONGSI

[英]乔治·考斯顿　[英]奥古斯·亨利·基恩　著　赵真华　冯国华　译

出版发行	浙江人民出版社（杭州市环城北路177号　邮编 310006）
	市场部电话：(0571) 85061682　85176516
责任编辑	方 程 李 楠
营销编辑	杨谨瑞
责任校对	何培玉
责任印务	幸天骄
封面设计	昇一设计
电脑制版	北京之江文化传媒有限公司
印　　刷	杭州丰源印刷有限公司
开　　本	710毫米×1000毫米　1/16　印　张：16.5
字　　数	185千字
版　　次	2024年7月第1版　印　次：2024年7月第1次印刷
书　　号	ISBN 978-7-213-11496-0
定　　价	78.00元

如发现印装质量问题，影响阅读，请与市场部联系调换。

前　言

1893年11月，应查尔斯·米尔斯爵士邀请，我在帝国理工学院发表了一篇关于南非的演讲。演讲中我特别指出，一些早期的特许公司极具研究性。

此前，我的朋友、外交部的J.H.雷登先生曾好心地帮助我准备讲座材料。他在准备材料中认为，我们的其他发现也应该作为研究这个课题的材料。然而我们发现，即使在分析今天英属圭亚那和委内瑞拉边界这一紧急问题上，如果不参考外国图书馆和私人收藏的相关资料，仅使用大英博物馆中的手稿参考资料就已太多，以致我们俩根本无法处理。因此，我很高兴接受基恩教授的提议，只研究特许公司与英国崛起之间的关系，而非研究整个欧洲的特许公司发展史。即尽可能多地利用现有印刷品和馆藏手稿材料，以便对更重要的特许公司问题得出一个可理解的总结。当然，我们共同完成的这项艰巨任务的最终效果如何，只能留给读者来评判。

我们的目标是清晰地描述这些协会/公司的内部运作，特别是它们与英国商业力量之崛起和传播的直接关系，而且会从我们偏于一隅的岛屿开始讲述我们如何能在文明世界中占有一席之地的。很高兴，安德森和库姆的《商业起源》（Origin of Commerce）六卷本[1]中载有大量有用信息，而且大部分是可信的，可供我们自由使用。同时，我们还参考了其他公认的权威资料。其中包括：威勒1601年的《商业冒险家史》（History of the Merchant Adventurers）、H.H.班克罗夫特先生《北美太平洋国家史》[2]（Pacific States of North America）等重要作品。后者为关于哈得逊湾公司的重要章节提供了大量的数据。在这些资料中，我们发现了一些具有相当意义的原始文件。例如各个时期的宪章全文，这些文件是从雷德丹先生的收藏中挑选出来的。

我们有理由相信，还有大量与特许公司起源和历史有关的手稿分散在英国的私人收藏中。如果所有者能够提供便利，以扩大本作品的篇幅，一定会被视为是个巨大恩惠。

如果这本书能唤起公众对我们伟大的历史——特许公司的兴趣，并促使其他人进入这一几乎未曾探索过的研究领域，那么为编写这本书所付出的劳动就不会让人感到遗憾。我相信，这一研究成果将证明我在演讲中所说的正确性：英国的大部分殖民地首先是通过特许公司的代理来解决的，而我们的对外贸易和商业也是以同样的方式开始的。

1820年左右，一位匿名作者写了一本小册子，其中指出，一个人如果不与其他人形成契约，并获得遵守契约的某种保证，就无法将社

1　该书全名为《从最早的记载中推断出的商业起源历史与时间顺序：英国伟大商业利益的历史》（An Historical and Chronological Deduction of the Origin of Commerce from the Earliest Accounts. Containing an history of the great commercial interests of the British Empire.）。由亚当·安德森与威廉库姆合著，初版于1789年。——编者注

2　原书共34卷，每卷都在800页左右，细致讲述了从1492年到19世纪欧洲人对美洲的征服和殖民史。——编者注

会扩展到遥远的地方。所有组成今天美国领土的古老英国殖民地：弗吉尼亚、马萨诸塞、康涅狄格、罗德岛、宾夕法尼亚、马里兰和佐治亚，恰是构成这个美妙国家——美利坚合众国的基础，且这些殖民地都是由那些具有公共精神的人建立的。

但是，他们的公共精神、审慎和决心没有得到本国政府的帮助。王室颁发的特许状只是"将这些团体竖立起来，成为一个个单独的公司，他们拥有完成（用这些特许状中的几句话来说）'慷慨而崇高目的'的责任"。

另外，在南非最近发生的不幸事件很久之前[1]，这部作品草稿就已完成了。

乔治·考斯顿

1896年6月于牛津

---

[1] 指布尔战争。——编者注

目录

前　言 / I

第一章　从特许公司到联合股份公司 / 001

第二章　羊毛出口商：斯台伯商人公司 / 013

第三章　圣托马斯·贝克特兄弟会（英格兰商人冒险家公司） / 019

第四章　探索北方航道：俄罗斯公司 / 031

第五章　波罗的海贸易的尝试：东土公司 / 053

第六章　另一个东印度公司：土耳其（黎凡特）公司 / 061

第七章　争夺印度的东印度公司（1600—1702年） / 077

第八章　"该死"的东印度公司（1702—1858年） / 103

第九章　加拿大的前世：哈得逊湾公司 / 127

第十章　北美十三州的由来：弗吉尼亚和新英格兰诸公司 / 155

第十一章　几内亚公司（皇家非洲公司）和小型特许公司 / 183

附录1　特许公司发展年表 / 196

附录2　斯图亚特王朝册封的商人 / 201

附录3　都铎王朝早期特许状文本 / 204

附录 4　都铎王朝晚期特许状文本　/　209

附录 5　斯图亚特王朝特许状文本　/　228

附录 6　汉诺威王朝特许状文本　/　240

第一章
从特许公司到联合股份公司

/////

特许状（charter，拉丁语为charta，意为纸张），因草拟于其上的文字而得名。我们可以将其定义为一种书面文书，即国家授予法人团体某些特权，这些特权要么旨在保护其在国内开办的合法行业，要么为了鼓励和维护其在海外的高风险商业经营活动。

特许状最初是授给市政部门和行会的，而且其运营活动限定在国家的特定区域以内。但是在长期内乱、封建压迫和普遍不受法律制约的时代里，国家要保护贸易和工业稳步发展，这样的文书就变得必不可少了。在这种情形下，很快人们就发现这些文书——特别是在英国——对王室和被授予者是互利的。在与苏格兰和威尔士的边境战事以及后来祸乱滔天的玫瑰战争（Wars of the Roses）期间，数不清的特许状被授给那些大型的行会。这些行会一直以来不过是些私人机构，仅为自卫或为了他们行业的共同利益才会采取一致行动，而现在得到了国家授予的许多豁免权、特许权和专卖权。作为回报，在紧急时刻他们便要给王室提供相应的劳役或金钱。如早在1327年，金匠行会（Goldsmiths）就获得了一份获利丰厚的特许状；随后，呢绒商行会（Mercers）于1393年、杂货商行会（Haberdashers）于1407年、鱼商行会（Fishmongers）于1433年、酒商行会（Vintners）于1437年、裁缝商行会（Merchant Taylors）于1466年，都相继获得了特许状。

不过，这时的特许状与行业所处的关系和那些授给商人阶层支持其生意的许可没什么两样，我们在此处不做进一步的关注。因为直到国内工业充分发展到可以支撑正常的进出口活动，才会有正规的海外商品交换，到那时特许状才有其存在意义。我们知道，北方蛮族入侵横扫一切之后的本地产业复兴，以及西罗马帝国（Western Empire）陷落后的混乱，发生在意大利、德国和低地国家的时间要比在英国早得多，因此商业的繁荣首先在这些地方出现。而与之相比，足足几个世纪里，除了岛内一直闻名的某些原材料，如毛皮、鱼、锡、铅，还有细羊毛，英国其实根本拿不出什么东西来与外国交换产品。

从严格意义上说，专门从事原材料生产的社会群体——也就是纯粹的农业和牧业等职业——还无法定义为商人。他们对所有涉及国际贸易的事务都持有几分消极的立场，主要原因是他们在这种交易中的利润远远低于农产品买入和制成品卖出所获得的利润。与他们不同，那些靠技术生产制成品的卖家积累财富的速度比无技术生产农产品的卖家快得多，而且他们自然而然地选择陆路和水路进行运输贸易，以获得更多的利益，也使其处于更加有利的地位。不过，当他们以此把经营拓展到海外，发展与外国的商业关系时，这种半野蛮时代的经营便变得风险巨大，且需要本国和外国的统治者的保护。在那里，他们或多或少地把自己打造成所有早期工业企业中的入侵者和垄断者，着实让人忌恨。而他们正是最早的商人。

我们会惊奇地发现，最早一批兴起的商人和一些最早的由英国王室颁发特许状的贸易公司，并不能重合。英国王室最早颁发特许状的，其实是已经在英国声名显赫的汉萨同盟（Hanseatic League）所建立的各分支机构。的确，从各个方面来看，汉萨同盟都是中世纪影响最大、分布最广的商业联盟。

汉萨同盟这个名字源自古德语hansa，意思为行会或法人团体，或者是这些组织的联盟。因此，由这个名字看出联盟是一种联合体。它并不像人们通常认为的属于从事贸易的个体市民，而是属于各自治市本身，即各市镇。当然，还有为了抗衡国王、贵族和其他地方豪强——有世俗和教会的——联合在一起的自治区。主要目的是抵御陆上和海上的盗贼——直到14世纪他们还出没于北欧的交通干道、河口和海岸上。以现存最早的书面记录来看，关于同盟似乎可以追溯到大约1239年。当时为了共同防卫，汉堡（Hamburg）与迪特玛什区（Ditmarsch）、哈德伦区（Hadeln）结盟。1241年，联盟增加了吕贝克（Lübeck）；1247年，不伦瑞克（Brunswick）也加入进来；此后，很快相继延伸到许多其他的地方。在13世纪末，联盟甚至向东扩展到俄罗斯的诺夫哥罗德（Novgorod），向北扩展到挪威的卑尔根（Bergen），向西扩展到伦敦。那个时期，联盟的城镇数量超过70个，同盟俨然变成一个"国中之国"。其强势程度足以募军兴兵，在远境开启战端，和许多势力派当权者结成同盟，通过妥协保住其在外国的地位。但在汉萨同盟获取利益的同时，也给本地人带来了沉重负担。反而阻碍了商业的发展，当同盟在17世纪受控于分崩离析的势力，最终形成了以几个"汉萨自由市"为代表的松散联盟，其中三个——汉堡、不来梅（Bremen）和吕贝克——作为德意志帝国的自治成员继续存在。

在英国，"帝王钦差"——也就是来自德意志帝国的贸易商，貌似在盎格鲁-撒克逊（Anglo-Saxon）时期就已经获得了被认可地位。如泰晤士河畔的斯蒂尔亚德（Steelyard，也就是现在的泰晤士大街附近）就有一处驻地。从900—1597年，这里是他们在泰晤士流域的唯一商栈，此后商栈转到同盟手里，然后又变成制造厂。他们骄傲地把自己追溯性地认为是早期"斯蒂尔亚德的德意志人（Germans of the Steelyard）"的后裔，这些人"携船而来，自视为值得良法庇佑，且善在船中做生意，但他们垄断伦敦市场不合乎法律"[1]。

1232年，亨利三世（Henry Ⅲ）将一纸特许状授给佛兰德斯（Flanders）和汉萨市（吕贝克、汉堡、不来梅、科隆）的商人，准予他们独占老德意志斯蒂尔亚德商栈。此外，还扩大了他们的特权，照例他们也应以效劳为回报。1236年，国王再次授予额外的特权，同时佛兰德斯与汉萨商人也回报以更多的服务。随之而来的，是1266年左右授予东方人（Easterlings）德国贸易商特许状，因为他们的舰队曾支持英国对抗法国。他们的整个舰队毁于一场暴风雨之后，并未从亨利三世那里拿到什么补偿，因此他们与亨利三世达成了协议，将免除全部债务，但条件是国王及其继任者们让东方人有进口和出口所有货物的自由权，关税或通行税不高于1%——这个数正是那时所缴的税率。得益于这份重要的特许状，汉萨同盟在英国持续了整整300年，不过他们的特权时不时地会被限制。比如，被爱德华一世（Edward Ⅰ）强加给他们的负担，要一直修缮被称为"主教门（the Bishop's Gate）"的大门，并为其城防认捐三分之一。在斯托（Stowe）的

---

[1] 原话出自豪威尔博士，安德森引用（《商业起源》第一卷，第125页）。背景是埃塞尔雷德国王在979年制定的关于船务和货物的进口税的某些法律，在比林斯门（Blyngesgate, Billingsgate）缴纳过路费，比林斯门那时候是伦敦港唯一的码头，离老木桥（伦敦桥）不远。

《伦敦地方志》(Survey of London)中记载，1282年，由于明显不尽责，斯蒂尔亚德公司代表被国王召见，他们被要求缴付210马克修缮主教桥，且被要求将来要"更勤勉些"。一个多世纪以后（1399年），他们被威胁将收回所有的特权，控诉称他们借着所持的英国特许状给异邦商人提供庇护，令国王蒙受了关税损失。同时有报告称，与吕贝克和其他汉萨镇做生意的英国商家因为德意志对手的缘故，遭受了巨大的损失和伤害。随即，一则声明由亨利四世（Henry Ⅳ）诏告，意思是"鉴于授予斯蒂尔亚德的德国商人的商业特权和特许，是基于英国人应该在德国享有相同待遇的前提之上，因此上述提到的汉萨市应当在国王及其委员会调查之前予以答复，并对此做出应有之赔偿"。就这样，它第一次明确宣告了互惠主义原则，此后各文明民族的贸易关系由此得以规约。

图1　15世纪汉萨同盟的武装商船（选自《牛津帝国史》第20册《汉萨同盟》）

表1　1368年5月18日至1369年5月10日吕贝克进出口表单
（单位为1000吕贝克马克）

出产地/目的地	进口	出口	总量	占总百分比（%）
伦敦/汉堡	150	38	199	34.4
立陶宛诸城	44	51	95	17.4
斯堪尼亚	49.4	32.6	82	15
瑞典哥特兰	52	29.4	81.4	14.9
普鲁士诸城	19	29.5	48.5	8.9
文德和波美拉尼亚诸城	17.2	25.2	42.7	7.8
卑尔根	4.3	—	4.3	0.8
波罗的海诸小港口	3	1.2	4.2	0.8
总计	338.9	206.9	557.1	100

汉萨同盟真的可以说是匆匆地奔向宿命。他们不仅因为所有外国竞争对手的嫉妒而遭到排挤，还犯下了前所未闻的暴行，特别是在对付英国人方面。他们曾雇佣武装匪帮在挪威的温特福德（Windford）抓了100多名英国人，然后绑缚手脚扔进海里，导致他们全部丧命。

亨利四世控诉说："在其他的特定时代，无论是我还是理查二世在位期间，那些汉萨人暴力掠夺在卑尔根的英国商人财物，还闯到他们的家中施暴，他们受丹麦法庭（那个时代挪威附属于丹麦）的纵容做出如此暴行，原因就在于他们在那里的贸易业务巨大。"因此，正如安德森所评述的：对待那些与汉萨人进行贸易的国家，或是那些为汉萨人贸易而独占的他国港口中，他们那飞扬跋扈、傲慢无礼的行为预示着他们的衰落。[1]

此后，就有一系列的变故发生：与商人冒险家公司和其他崛起中

---

[1]　《商业起源》第一卷，第553页。

的英国公司之间避无可避的摩擦；英国与德意志帝国之间的关税之战；汉萨同盟在三年时间里开展了与爱德华四世（Edward Ⅳ）的一系列对抗；特许权的撤销和恢复；等等。在1578年，最后一根压死骆驼的稻草出现了。在那一年所有的、自古已有的豁免权都被伊丽莎白废除了；很快，于1597年，他们的斯蒂尔亚德也永久关停了。而且给出的原因既颇具特色又让人受益匪浅，即外邦人士的特权在许多方面对于女王的王国不断发展的商业利益是恶性的和有害的。对此，女王于1597年给伦敦市长和治安官们指派了一个委员会来封禁居住在伦敦斯蒂尔亚德的汉萨商人的住所。与此同时，鲁道夫皇帝（Rudolf）下令："英国境内的德意志人全部离开英国女王管辖的领土。"从此以后，斯蒂尔亚德——这个曾是条顿人近700年的商栈，不再为其所用。在之后的时代里，沿泰晤士两岸发展而出的庞大的码头和船坞系统中再难寻觅它的踪影。

恰恰就在这个国家迅速地意识到，它的未来目标是成为世所未见的最大贸易和殖民国家之时，英国的商业土壤中的外国成分需要剥离。

贸易协会渐渐兴起后，它似乎在为"伟大光荣的伊丽莎白女王"时代而高呼。当然，它的设立遵循着两个明晰的原则。按照自然和实际的顺序，第一个出现的是所谓的"规约公司"（Regulated Company），它对于即将在世界贸易里分一杯羹的英国国王进行的第一波努力算是量身定制的了。但是，其注定要为远比其强大和高效的"联合股份公司"（Corporate combination）所取代。很长一段时间里，绝大多数公司都属于第一类，甚至直到17世纪末英国以联合股份原则建立的公司也仅有三家——东印度公司、皇家非洲公司、哈得逊湾公司——但它们可能比所有其他公司加在一起还要重要。

在"规约公司"中，那个年代主要以俄罗斯公司（莫斯科公司）、土耳其公司和西土公司为代表。每个成员或"自由人"都得自食其力，且要服从协会的"规约"。事实上，它们可以是脱胎于贸易行会，略做调整以适应大幅扩张商业版图的目的。在各行会里，每个成员都可以花钱取得在自己被许可的区域内做生意的权利，但风险自担，万一成员经营不善，行会不为其负责。另一方面，公司享用注册成立的贸易公司成员的所有有利条件。同样，在设立规约公司的任何外国地区，在没有通过缴纳公司费用获得成员资格的情况下，王国的国民也不许任何人去那里做生意。甚至在最早的这些特许团体中，学徒关系的原则也是强制性的。比如在行会中，他们得做满学徒期，才能依据情况获得成员关系享有特权。又或者，即使有罚款要缴，可以有名无实或比外国人缴得少得多。强制收缴的罚款填补公司基本经营的开销，其中也包括他们享受独家权利的外国港口的领事支持。

由此可见，在规约公司最基本的构成要素里，他们不过是为适应海外贸易目的而进行设立的、与本国行会职能类似的一种进化形式。而且，正如在那个年代本国产业的发展需要王室特许保护一样，所有商业机构在王国以外的国家和地区做贸易，初期也需要在王室的庇护下抵御国内的竞争和国外的侵害。若没有这种保证，任何海外贸易是否能做大就难说了。尽管在规约组织中有一部分，特别是诸如一些商人冒险家，一度攀升到高位。可是到18世纪末，它们竟几乎不复存在了。即便如此，他们还是在英国贸易和国家记载中留下了浓墨重彩的一笔。而曾使他们立之于世的力量并未烟消云散，只是转换到新的赛道。

随着财富的增加和经验的增长,这些在外国土地上的商业先行者们获得了一种对他们潜在力量更深刻理解,抑或对更高使命的强烈感知,特别在采用联合股份原则之下彼此之间的相互信赖更加重要。就像在规约的联盟里,每个成员都各自身份独立,而且为自己的经营负责——正如"自撑门面"那句俗语所言[1]——所以,出于"联合"的考量,个体大量融入公司组织中。所有人共同努力主要是为了共同利益,而非直接的个人好处。

其他的差异也是有的。如所有人都倾向于把组织强化为统一体,让它在精明强干和高瞻远瞩的负责人手中成为更卓有成效的工具。因此,在规约组织中,未经整个协会同意,任何成员都不能进行权益转让,也不能把没有"服学徒期"的新成员引入组织,成员更不能在没有事先通知的情况下从联盟中退出。另外,在后来的规约公司中,当他们开始丧失单纯的行会特征时,每个成员都要最大限度地对公司的债务承担全部责任。

从联合股份的角度考虑,差异在于股东不能在任意时间要求撤回股份,且在任何情况下都不承担超过该金额的责任。而他们可以在任何时间无须公司法人同意便将自己的股份转让给他人,被转让人不经学徒期就可直接转为会员。因此,1681年属于规约公司的土耳其公司控诉它的对手——属于联合股份的东印度公司,没能"在一个东印度公司商人的理念下培养任何人。因为不管是谁,只有手中握着钱就可以买下他们的股票"。

恰恰是这种从行会陈腐的约束中脱身而出的极大自由,加之前面

---

1 指的是每个桶都得由桶底撑着。——译者注

枚举的联合股份公司的其他优势，各个规约公司越来越频繁陷入困顿。联合股份公司却在公众的青睐中冉冉升起。就在此当口，东印度公司承认道："任何有理性的人都无可否认，联合股份公司与任何规约公司相比，就商家的数量和股份的额度都具有更大的拓展能力。"是的，因为在联合股份公司中，贵族、绅士、店主、寡妇、孤儿……所有民众都能成为交易者，操控他们手中拥有的股份；然而在规约公司中，比如土耳其公司中任何人都不能做交易者，除非那些他们认为的合法者或学徒培养制下的商人。因此，股东们个人责任的所有问题被立法机构，特别是被公司法清楚地明确以后，规约系统不约而同地被联合股份原则所取代也就不足为奇了；而联合股份原则似乎作为公共信用主要的倡导者和捍卫者被永久建立起来了。

正是这一原则的普遍应用，大特许公司得到了迅猛扩张。在一些令人难忘的历史中，我们看到环境的力量渐渐把他们从纯粹的商人冒险家公司变成了强有力的政治机构。

很快，社会上的商人冒险家开始超越所有阶层，他们拥有无与伦比的荣耀，他们的创业精神一直唯国家马首是瞻。通过他们所创公司的经营机构（其历史本书试图书写），他们不仅为英国在地球上拿下了最美的土地，也为英国的殖民帝国打下基业；而且不可否认，他们有权让世世代代的英国人感恩戴德。

第二章

羊毛出口商：
斯台伯商人公司

/////

羊毛出口商或称斯台伯商人公司（Staplers' Company）通常被视为第一个出于纯粹商业目的，且是从英国王室获得特许权的英国法人团体。然而，对他们的早期记载与圣托马斯·贝克特兄弟会（Brotherhood of St. Thomas à Becket，即商人冒险家公司）的记载有时候不分彼此；很显然，他们后来与圣托马斯·贝克特兄弟会合而为一了。除了从英国王室获得了特许权证以外，据称他们还于1248年从布拉班特公爵约翰（John, Duke of Brabant）那里取得了在荷兰进行贸易的特权。由此，他们得以在荷兰进口英国的羊毛、铅和锡以换取佛兰德斯的细羊毛布。

那些在这个时代的法令和条例中经常提到的商人，清一色的都是羊毛出口商成员。特别值得注意的是，这些羊毛出口商最初都是外国人，这从《大宪章》（*Magna Charta*）以及1253年颁布的支持羊毛出口商的法令中都可以找到。即这些法令都禁止英国商人携带大宗商品（staple commodities）出境。然而，当英国商人被置于与外国人同样地位时，这一令人无法容忍的法令便不得不于1362年撤销。因此在14世纪中叶之前，羊毛出口商们只不过是一些外国团体，获准从事汉萨同盟尚未垄断的英国进出口贸易。尽管如此，杰拉德·马林斯（Gerard Malynes）[1]仍指出，羊毛出口商——斯台伯商人公司，其官方头衔是"英格兰羊毛出口商的市长、警察和协会（The Mayor, Constable and Fellowship of the Staple of England）"，是英格兰最古老的商业群体。它早在商人冒险家公司存在之前，就因出口王国的羊毛商品而得名。[2]

那时，大宗商品仅仅包括用于生产制造的原材料，即羊毛、毛皮、铅和锡。为了公众的利益，羊毛出口商协会往往被置于各种各样的制度下予以约束，由于制造羊毛布能带来可观的财富，它们遂被许多克承大统的国王授予特权，包括亨利三世（1267年）、爱德华二世（Edward Ⅱ，1319年）、理查德二世（Richard Ⅱ，1391年）、亨利四世（1410年）和亨利五世（Henry V，1422年）。

但是，一家公司主要依靠出口当地产品的独家权利，而这些产品（特别是羊毛）是国内新兴制造业所需要的，那么任何特权"保障"都无法阻止其自然灭亡。因此，每当国家禁止羊毛出口时，羊毛出口商便会受到致命的打击。"尽管在伊丽莎白女王（Queen Elizabeth）和詹姆斯一世（James I）授予商人冒险家的特许权中，都给羊毛出口商保留了在那些特许权限制下进行贸易的完全许可，但商人冒险家公

---

1 《商业圈的中心》，1623年。
2 在中世纪的拉丁文文献中，staple 的常用表达是 stabile emporium、a staple（固定集市），此类的商品必须带到这里买卖；因此 staple 假定是由 stabile 一词衍生。但是，这个词在日耳曼语系中有着各种各样的同源含义，例如古英语中为 stapol、stapul，意思是支柱或柱子，源于 stapa，意思是台阶；荷兰语为 stapel，桩子；低地德语为 stapel，意为堆、仓库；古法语也由此拼作 estaple、estape（现代法语为 étape），意为站台、台阶，通常的市镇或市场，特定的商品被带来售卖，因此称作"staple wares"或简称"staples"。由此可见，原始的词义似乎与其说是大宗商品或固定商场，还不如说是柱子或者是升降平台，用梯台靠上去，以方便商品出售。——译者注

司仍旧逐渐在羊毛出口商公司中占据优势。最后，当人们认为制定一项全面禁止本国羊毛出口的法令是必需的时候，羊毛出口商公司的规模缩小到零也就不足为奇了。到1762年，它们仅剩下一个名字，没有任何贸易存在。尽管如此，他们仍然保持着公司的形式；甚至按照古代章程的指示，每年还继续选举公司的高级管理人员。而那些经营羊毛的人，仍然被称为羊毛出口商人，维持着这个名义上的公司：他们以公司的身份在公共基金中持有一小笔钱，其利息则用于支付他们的会议和选举的费用。但他们从未像其他贸易公司一样，在伦敦金融城拥有自己的大厅、特定的房屋或办公室。虽然说霍尔本酒吧（Holborn Bars）附近的衡平法院（Inn of Chancery）的名称来源于他们自古以来就坐落在那里的货栈，且他们的办公室和仓库也位于那里。但自从在威斯敏斯特（Westminster）修建新桥以来，它就失去了在坎农街（Canon）的尽头——通常被称为海峡街（Channel Row）位置，同时也失去了斯塔普羊毛商（Wool-staple）的古称。[1]

令人玩味的是，伦敦港（Port of London）的斯塔普商栈原本位于现在议会大厦（House of Parliament）所在地，1375年搬到霍尔本的衡平法院，后来被称为斯塔普会馆（Staple Inn）。在国外，羊毛出口商似乎有很长一段时间被限制在荷兰邻近地区的一个市场内，强加到他们头上的限制就是为了方便王室征集贸易关税。

首家这类市场似乎应该在安特卫普（Antwerp），早在1312年他们便有了面向低地国家（Low Countries）的斯塔普市场。1320年，爱德华二世的一纸禁令，把那个时代英国羊毛的出口港限定在韦茅

---

[1] 《商业起源》第一卷，第303页。

斯（Weymouth）、南安普敦（Southampton）、波士顿（Boston）、雅茅斯（Yarmouth）、赫尔（Hull）、林恩（Lynn）、伊普斯威奇（Ipswich）和纽卡斯尔（Newcastle）。结果令那个年代英国与欧洲大陆所处的贸易地位，有点像目前中国与英国的贸易地位[1]。

后来，羊毛出口商迫于时局压力，将总部在安特卫普、圣奥马尔（St. Omer）、布鲁塞尔（Brussels）、卢万（Louvain）、梅克林（Mechlin）和加来（Calais）之间来回变动。1558年，当加来被英国夺走时，他们搬到了布鲁日（Bruges）。然而，他们的自救没有成功拯救曾烜赫一时的商场，使其免于衰败和消亡。

---

[1] 指19世纪中后期的中国和英国贸易。——编者注

第三章

圣托马斯·贝克特兄弟会
（英格兰商人冒险家公司）

/////

如前所述，羊毛出口商公司和商人冒险家公司的早期记录一直都纠缠不清。这一点，在1638年冒险家们在下议院就他们的渊源所发表的声明中得到了很好体现。当时，冒险家们为自己辩护，反对私营商贩施加给他们的指控，那个年代他们被冠以"入侵者（Interlopers）"的恶名。当时，他们声称自己来自伦敦呢绒商行会——一家由英格兰商人组成的公司。然后，他们在1296年于英国开办了第一家羊毛制品厂，并从布拉班特公爵约翰那里获得了特权，使他们能够与所有其他前往安特卫普的英国商人一起定居。在这里我们看到，是羊毛进口商从布拉班特公爵约翰那里获得了特权，而非商人冒险家公司。而且可以肯定的是，1305年前并没有特许的冒险家，因为正是在那年才正式出现英格兰商人冒险家公司。

在此之前，他们或他们的先驱者拥有兄弟会或圣托马斯·贝克特兄弟会这一名称。这是一个在1358年左右出现的团体，据说当时他们从佛兰德斯伯爵路易（Louis，Count of Flanders）那里获得了足够的特权，确定了布鲁日作为他们销售英国羊毛布的贸易中心。毫无疑问，爱德华三世早在1341年就已经选定了这个地方，作为他的羊毛、皮革和锡制品的贸易中心。考虑到这个时期之后，这类商品已不再大量出口，因此斯塔普商人，尤其是羊毛出口商，现在可能已经被布鲁日的普通商品经销商所取代。由此，这两种说法也许可以协调一致。圣托马斯·贝克特的商人就是这样，通过适应不断变化的国际国内形势，逐渐垄断布匹贸易。随着布匹在英国的生产量越来越大，且布匹正在取代羊毛成为主要的出口业务，新公司便逐渐开始取代旧的羊毛出口商。

然而，直到1406年，他们才被王室授予了专门特权：当时他们从亨利四世手中获得了首个特许状[1]。这份文件甚至都没有授予公司专属权利，只是赋予了他们选任自己的总督和革除自身弊病的权利。而且文件中还有通过给一位老贵族缴纳一笔"入门费"（约合18先令6便士）后，任何人都可以与他们合伙的条款。因此，马林斯（Malynes）断言，"就他们的特权，所有的英国和爱尔兰的商人与海运业毫不例外应该都会平等地成为参与者"。起初，他们似乎只是一个开放的贸易协会，并不是一个严格的规约公司，直到后来他们开始对自己的会员征收羊毛制品税并处以罚金，同时（错误地，正如被指控的那样）排除协会中所有不能支付大额准入金的外来者才开始改变。

但这种权力的滥用行为可能为1430年特许状的"出于一种关照"所纵容。根据该特许状的表述，他们以前的所有豁免权（以及被夺走的权利）都已经得到确认。

和羊毛出口商相似，"兄弟会"经常更换他们在国外的大本营。

---

[1] 也有一些资料认为是1407年。——编者注

他们的干事约翰·威勒（John Wheeler）告诉我们，当他们在1444年从米德尔堡（Middleburg）迁往安特卫普时，"他们在城外受到地方执法官和市民的接见，那些人为他们郑重地举办了一场欢迎仪式"。然后，这位作家用多半带着一种夸张的口吻继续写道，"英吉利民族"如他们那时被称呼的那样，是那座城市的伟大缔造者。在他们来到后不久，那座城市就成为一处最繁荣的海港，"以至那里的房子，过去的年租金是40或60英镑，现在已涨到300或400英镑，有些甚至达到年租金800英镑了"。

当时的主要出口商是英国人，且他们已经开始减少农产品交易，增加工业制品交易，如各种各样的羊毛布、锡制品、黄铜制品、陶器、手套、长袜、各种服饰、鞍具、窗帘和餐具都已成为他们的交易对象。到了15世纪末，与外国商品的竞争变得愈发激烈，乃至兄弟会进口一些英国商品也要被征收保护税。这导致了许多的相互指责，但也在偶然中促成了具有相当现代精神的国际商业条约的起草。因此，在亨利七世（Henry Ⅶ）和荷兰君主菲利普大公（Archduk Philip, Sovereign of the Netherlands）之间的一项条约（1494年）中，规定每件英国羊毛布匹征收1弗洛林（florin）的新税，而其他税则被废除。英国布匹可以无条件允许在大公治下的所有郡（仅佛兰德斯除外）进口和销售，且免征上述1弗洛林（florin）税和所有其他新税。

以后，特许机构和私人贸易商，也就是上面提到的"入侵者"之间出现了一场争端，而且争端足足持续了将近200年。1497年通过的一项议会法案清楚地说明了其要点，其中规定，"每个英国人都可以自由地依靠某些外国市场，除了10马克（6英镑13先令4便士）的必须费用外，任何英格兰的兄弟会或协会不得强索其他费用"。

对协会的投诉似乎有一定的根据,因为他们的特权可能在某种程度上阻碍商业的自由进程。然而,在对投诉进行审查后,发现结果对该公司非常有利,而且立法机构似乎已裁定。可见,我们尚处初期的对外贸易自由发展的时机尚未到来。

1505年,该决议生效。当时兄弟会获得了一份新的特许状,现在他们以英格兰商人冒险家(the Merchant Adventurers of England)的荣誉头衔被认可。根据这份特许状,羊毛商品的出口贸易仍保留在他们手中,而且他们被授权可以"在加来建立法庭和商镇。不管怎样,如果他们从任何商人手中收取仅10马克,这些商人均可享受与佛兰德斯、布拉班特、荷兰、泽兰(Zealand),还有与大公治下毗邻诸国进行贸易的特权。对此,强令所有商人冒险家获取享有此协会会员的权益"。

上一条需要解释一句。即在那个时代不仅兄弟会会员,而且所有海外的私人贸易商都可以自称商人冒险家。这是因为他们把商品拿到海外地区去投机经营,而所有这些业务在当时甚至是很久以后都具有冒险的属性。结果,那些私人冒险家干脆停止其单打独斗的贸易,加入冒险家公司。与此同时,通过将会费保持在较低的水平,付费人可以获得一个强大的法人团体的成员资格而使其安全性大大增强——他们花的钱获得了丰厚的回报,此案的公正性得以达成。

与他们以前的单打独斗相比,这个集体的优势非常明显;公司自身在16世纪中叶对大众福祉的影响也很强大,这一点从荷兰在宗教狂热的黑暗年代中得以突显。当西班牙人得到了新近引入的宗教裁判所协助,以激烈的迫害使周围的所有地区变得孤立无援的时候,安特卫普仍然保证着生命和财产的和平与安全。因此,商人冒险家们纷纷选

第三章 圣托马斯·贝克特兄弟会（英格兰商人冒险家公司）

择安特卫普作为他们在低地国家的经营活动中心。当查理五世皇帝希望在该城也建立宗教裁判所时，这些英国冒险家作为宗教信仰自由的捍卫者挺身而出。

他们当时的影响力如此之大，以至于他们能够拯救这个大商场——"一个全世界通用的仓库"，使其免于陷入可怕的灾难。只需威胁说，如果皇帝实施他的意图，他们就会关闭工厂并离开这个地方。查理五世虽然顽固不化，但也一心求利，他通过调查发现，如果公司撤离各省税收将会破产。惠勒（Wheeler）向我们保证，这些冒险家在安特卫普一地供养或雇用了大约2万人，而在荷兰其他地区则有3万人。因此，该公司通过果敢地保护与他们保持商业往来的人们的权利，维护了他们自己的特许权。

几年后（1564年），卡姆登（Camden）在他的《伊丽莎白女王的历史》（*History of Queen Elizabeth*）一书中指出，英国与荷兰的总贸易额达1200万达克特（ducat），其中仅英国布匹贸易就占了500万达克特。对那些仍在继续对这些特许的冒险家进行激烈抨击的人，这也许是最好的回击。伊丽莎白在位期间，几份以这些冒险家的名义授予的特许状认可了他们的豁免权。

随后，公司的事务遭遇了危机。阿尔瓦于1568年在安特卫普被扣押了价值10万英镑的资产后，该公司不得不撤离荷兰。他们先在汉堡，然后在施塔登（Staden）建立了自己的公司，然后在那里断断续续地驻留到1597年，这为该贸易地带来极大的利益。

由于这场运动，他们的特许权（1586年）开始扩展到德国。在那里他们被授权可以开庭审案并开展贸易。与从前一样，所有"入侵者"都被排除在外。但在这里，他们由于西班牙使节的阴谋，不得不应付很多事情,更严重的是汉萨同盟眼红他们在北方日益增长的影响力,并与之公开作对。这一点在帕拉丁选帝侯(Elector Palatine)写给伊丽莎白女王的一封信(1591年)中得到非常清晰地体现。该信在回应女王的抗议时解释说,对施塔登冒险家采取的对抗行动"是通过西班牙大使和某些有争议的汉萨同盟共同使用暴力获得的,他们只是对他们没有享受到上述合同为施塔登所带来的好处感到失望",这里合同指的是允许公司在该地定居的协议。与之相对,他们的敌人汉萨同盟最终得逞,通过整合在帝国朝堂上的利益,成功地(1597年)促成驱逐该公司,而且是从施塔登以及整个德意志驱逐出去。的确,冒险家们现在面临的情况是要么进行清账,要么将精力投向更遥远的地方。多亏了当时独立的尼德兰联邦(United Provinces)进行了友善的干预,他们收到从格罗宁根(Groningen)和其他十几个地方发出的紧急邀请,从而可以在那里定居暂时避祸。

惠勒对该公司这一时期的总体情况作了耐人寻味的描述,公司"由许多富商组成,他们来自英国的各个城市,包括伦敦、约克、诺里奇(Norwich)、埃克塞特(Exter)、伊普斯威奇、纽卡斯尔和赫尔。这些属于旧时代的人为了商品经营而联合在一起,获得利润后会将大量财富带回各自的居住地。它们的活动范围在法国索姆河(Somme)和日耳曼海范围内沿尼德兰和德意志的所有沿海地区之间的城镇和港口"。

他们每年出口至少6万块白布和4万块彩布,前者价值至少60万英镑,后者则至少价值40万英镑——总共至少100万英镑,还有从英国运往荷兰的铅、锡、皮革、牛脂、玉米、牛肉等。该公司从荷兰和德国进口葡萄酒、铜、钢、铁和铜线、火药,以及纽伦堡

（Nuremburg）制造的所有物品（玩具、小铁器等），还有来自意大利的丝绸、天鹅绒和"黄金布"。

现在麻烦来自"科卡因的专属权（Cockayne's patent）"和印染业，这件事在詹姆斯一世统治初期引起了不小的轰动。令人感到奇怪的是，英国人虽然一直是世界上最好的织布工，但他们竟没学会给他们繁忙的织布机上的产品上色这一简单得多的工艺！结果就是，他们的白布不得不运到荷兰进行染色并加工后再运回来。考虑到此事的情况反常，市政官威廉·科卡因爵士（Sir William Cockayne）向国王建议，可以通过在国内完成此项业务来结束这种浪费。为此，他轻而易举地获得了专属经营权，国王将这种国内印染商品的专属权留给了他本人。

而这个巧妙的计划有一个缺点，那就是使与纺织业有关的一切都失去了活力。首先，商人冒险家们抱怨说，他们的白布运输生意丧失了。尽管他们有特许权，但现在被禁止将白布出口到王国之外。其次，荷兰人和德意志人进行了反击，禁止进口所有英格兰染织品。结果，这些商品的大部分对外贸易突然就垮了，以至制造商叫苦不迭，纷纷破产。通过允许出口有限数量的白布在一定程度上安抚了这些人。后来人们发现，国内染色的产品不仅比在荷兰完成的产品做得更糟，而且价格还奇高。在这些不断出现的弊端下，詹姆斯不得不让步，废除了科卡因专属权，并恢复了冒险家们的特权（1617年）。

另外，公司还被指控不断向国务大臣们赠送精美的"新年礼物"，以延续他们的利益。例如，1623年，财政大臣收到了200枚金币（每枚22先令）以及一个金盘子。同时，白金汉公爵（Duke of Buckingham）、坎特伯雷大主教（Archbishop of Canterbury）、掌玺大臣（Lord Keeper）、枢密院大臣（Lord President），以及各部大臣也收到了礼物。因此，似乎当权势人物对公司进行掠夺时，公司就通过提高入会费来自我补偿。

在内战的混乱时期，这件事情仍在发酵，直到公司扬言要达到庞大的份额才停止。根据1643年上议院和下议院颁布的一项法令，冒险家被授权把他们的入门费翻倍——也就是说，伦敦人100英镑，边远地区50英镑，同时他们也有权监禁拒绝缴纳上述款项的人。但有人指出，该条例是作为对该公司向议会预支了3万英镑巨款的报酬而制定的，是未经王室同意而首次颁布的条例之一。

大约在此时（1647年），他们将主工厂[1]从代尔夫特（Delft）转移到多特（Dort）——实际上，自他们被驱逐出德意志以来，他们的海外业务中心一直设在荷兰。但在礼貌地拒绝了两次在布鲁日定居的紧迫邀请后，特别是在宗教信仰自由得不到保障的情况下，这些冒险家才再次前往德国。毫无疑问，部分原因是，英国和荷兰共和国之间的政治纠纷于1652年突然升级为公开战争；另一部分原因是，从那时起对现在奄奄一息的汉萨同盟的竞争不再有什么可担心的了。不管原因是什么，汉堡很快就成了他们最重要的城市，而且很快就成了英国羊毛贸易的唯一主要城市，且一直持续到公司倒闭。正是由于这个原因，他们从此被普遍称为汉堡公司。当然，为了纪念商人冒险家的旧官方头衔，在他们所有的记录中一直保留原公司名称到最后。

---

1 在特许公司出现前期，主工厂即指贸易中心（trading centers）。——编者注

表2 英格兰商人冒险家公司主要事件年表

时间	事件
1216年	公司自称创始年,名为圣托马斯·贝克特兄弟会
1305年	公司正式创始年份
1407年	从亨利四世处获得特许状
1505年	亨利七世授予新特许状
1564年	伊丽莎白一世再次授予特许状
16世纪	商人冒险家与汉萨同盟开始竞争
1611年	公司的装运港永远固定在汉堡
1614年	詹姆斯一世第一次授予特许状
1614—1617年	科卡因专属权时期
1617年	詹姆斯一世第二次授予特许状
1621年	主工厂迁往代尔夫特
1635年后	主工厂在代尔夫特和鹿特丹之间多次迁移
1643年	主工厂迁往多特
1660年	查理二世授予特许状
1689年	"光荣革命"后,公司失去特许权
1700年前后	公司改称汉堡公司,沦为一家普通小公司
1800年后	公司彻底破产

从此以后,他们的历史彻底走向平淡。他们继续享有特权,并在英国羊毛制品和其他制成品中进行大量贸易。因此,在整个17世纪后半叶和整个18世纪,汉堡一直是英国商品在欧洲大陆的主要集散地。事实上,从某种程度上说,一直到现在都是。只是现在对所有参与者,贸易都是自由的,不再需要特许权和豁免的额外帮助。

第四章

**探索北方航道：
俄罗斯公司**

/////

爱德华六世（Edward Ⅵ）在位的末期，人们第一次竭尽全力希望找到绕过挪威北角（North Cape）通往白海（the White Sea）的航线，继而与俄罗斯（或者叫"莫斯科大公国"）建立直接贸易关系。在盎格鲁-撒克逊时期，这条航线已为人们所知，至少在挪威著名商人、航海者奥特尔（Ohthere）的口中是这样说的。他是第一个绕过挪威北角深入极地水域直至女王（白）海（Cwen Sea）的人，他在返航途中造访英格兰，并向国王阿尔弗雷德大帝（King Alfred）讲述了自己的奇遇。这些内容在阿尔弗雷德翻译奥罗修斯（Orosius）著作时有所体现。我们可以在书中读到，这位无畏的北欧探险家是怎样说他想要知道"这片土地的最北边到底有多远，会不会有人居住在这片荒原以北。于是他紧贴陆地径直北行，在三天里一路驶来：右侧是不毛之地，左侧则是茫茫大海。他右手边那片土地上没有定居者，只有零星捕鱼者、捕鸟者和狩猎人，他们都是芬兰人（Finns，挪威人仍称之为拉普人，Lapps）；左边始终是浩瀚的大海。在陆上更远的地方则居住着博尔玛人（Beormas，也作Biarmians，Permians），他去查看那片土地，同时也是为了寻找马鲸（horse-whales，海象）。这些海象的牙齿骨质极佳，他也带了一些献给国王。另外，它们的皮也非常适合用来制作船缆"。

然而，这一切都被遗忘在"黑暗年代"里了。1553年，为重新打通与契丹（Cathay）[1]建立直接联系的东北通道，以切断葡萄牙与摩鹿加群岛之间的香料贸易。为此，休·威洛比（Hugh Willoughby）爵士率领由许多绅士和商人装备起来的探险队进行远征。此时，这条环绕挪威的航线刚刚被重新发现，这条东北通道通往诺登斯克约德（Nordenskjold），在我们这个时代的探索后才有人踏足。与此同时，"绅士和商人"从威洛比冒险劫后余生的少数幸存者那里学到了足够的东西。他们成立了一个协会，目的是进一步地探索和做贸易赚钱，不是与中国贸易，就是与介于两地之间的沙皇约翰·瓦西里维奇（John Vasilivich，伊凡雷帝）贸易。令他们备受鼓舞的是，威洛比船队中的一位船长理查德·钱塞勒（Richard Chancellor）不仅抵达白海的阿尔汉格尔（Archangel），还得到了沙皇的盛情接待。沙皇不仅表现出对在阿尔汉格尔给予英国商人巨大特权的意向，而且为了实现这一意图，他还给钱塞勒备下了致国王爱德华的信函。

当钱塞勒由陆路返回伦敦时，爱德华六世已经晏驾。结果是公司于1554年从玛丽女王（Queen Mary）那里拿到他们的公司特许状。在这份文件中，他们被独具特色地冠以"为发现昔日所有英国人未至或鲜至之陆地、国度、岛屿等的商人冒险家"——此处指出的贸易和探索的双重目的，也为这些无畏的远东开拓者的整个历史定下了基调。这个有些繁琐的官方名称被一个更简便的名字所取代，也就是后来众

---

[1] Cathay 这个词在当时的欧洲流行起来，主要是受到《马可·波罗游记》影响，让欧洲人将 China 与 Cathay 区别开来。——编者注

所周知的"俄罗斯公司（Russia Company）"，也称莫斯科公司。

图2　伊凡四世向理查德·钱塞勒展示自己的宝库藏品。亚历山大·斯托夫琴科1875年绘

在特许状的前言中写道，"温彻斯特侯爵（the Marquis of Winchester）、阿伦德尔伯爵（Earl of Arundel）、贝德福德伯爵（Earl of Bedford）、彭布罗克伯爵（Earl of Pembroke）和埃芬厄姆的霍华德勋爵（Lord Howard of Effingham）等人已经为了北上探索配备了船只。鉴于上述船只中的一艘（钱塞勒的）于前一年（1553年）启航，安全抵达并在我们的远亲兄弟、大俄罗斯皇帝约翰·巴西洛维茨（Lord John Basilowitz）陛下的治下之地过冬。他体面地款待他们，为他们写信给朕，又许可在他的国家自由贸易，用玺印可享有其他特权。因此，朕准许该公司的许可，不仅适用于彼皇帝所治之所有疆土，也适用于所有其他朕之臣民探索的未知之土。除应不含之人或经该公司授权许可的人以外，任何人不得出入上述区域。一旦违反，

将被没收船只及商品，罚没之物一半归王室，一半归该公司"。

根据他们的特许状，首航的启动就在第二年。那一年，钱塞勒率两艘船前往德维纳河（Dwina），而后乘雪橇从沃洛格达（Vologda）一路赶往莫斯科。一行人等在莫斯科得到了沙皇的款待，并从他那里为自己和后继者们获得了许多重要特权。特权包括可以在沙皇治下的所有疆域自由贸易，无须安全通行证和许可；除债务以外免于拘捕；有权选择、控制或惩罚自己的经纪人、船长及其他雇工；管辖所有在俄罗斯居住的英国人的权力；伤人或谋杀会受到相应的惩罚；万一英国人伤害或杀害了俄罗斯国民，公司的货物应免于罚没；因债务问题被捕的英国人有权获得保释。

大概就在这个时候，探险家斯蒂芬·巴罗船长（Captain Stephen Burrough）受公司差遣，首次尝试前往新地岛（Novaya Zemlia）。但途中由于浮冰过大过多而未能通过瓦伊加奇海峡（Waigats Strait）。然而，威洛比远征队那两艘被冰封住的船很快就被发现了。发现时船员们都已被冻死，休·威洛比爵士本人则被发现坐在他的座舱里，桌子上还放着他的日记和一些文件。

1558年，公司的代理人安东尼·詹金森（Anthony Jenkinson）试图开辟一条通过俄罗斯进入波斯的新贸易渠道。他先是沿着伏尔加河（Volga）航行到阿斯特拉罕（Astrakhan），然后从那里经由里海（Caspian Sea）到达波斯城镇博格哈尔（Boghar）。在那里他找到了来自俄罗斯、印度甚至遥远契丹的商人，据称当时到中国从博格哈尔出发需要九个月的路程。回到英国后，他出版了第一张为世人所知的俄罗斯地图；此后，他又在同一条路线上走了不下六次。然而，在他去世后，这条道路再次关闭；直到1741年，议会通过了支持俄罗斯公司的法案，这条路线才重新开放。

不过，其他路线的尝试也取得了不同程度的成功。1566年，他们从波斯苏菲（Sophy，即Shah）手中获得了对其货物的所有关税豁免，以及对其人身和财产的全面保护。同年，该公司获批议会正式法案，该法案一直被视为比皇家特许状更有效的法案。该法案的主要目的是保护公司管辖区免受入侵者的侵害。在法案中，公司被更名为"探索新贸易的英国商人协会（The Fellowship of English Merchants for Discovery of New Trade）"，辖区除了俄罗斯领土外，还包括"亚美尼亚、梅迪亚（Media）、赫卡尼亚（Hyrcania）、波斯等国和里海沿岸国家"。同时，为了英国贸易与工业的普遍利益规定，该公司应单独雇用英国船只，其中工作人员也要以英国船员为主。且他们得向俄罗斯等地出口"除非其穿着得体，并且绝大部分的印染须在本王国以内进行，否则羊毛制品和呢绒制品不得使用"，即违反这两项规定都将受到重罚。

法案中另有一项规定也有利于纽卡斯尔、赫尔和波士顿等北部海港，甚至还包括约克市。通过该条款，他们可以凭借罕见的优惠条件获得公司准入。这项优惠是在法令中作出的，理由是这些北部城镇的航海者是最早参与目前正在进行的努力强开东北航道的人，而且该法令还是第一个建立专属商业公司的法令。

这家公司还成为鼓励和奖励早期海上航行的支持者。早期海上航行培育了英国企业，并为探索北极地区打下良好基础，但令人遗憾的是那里的神秘面纱至今也未完全揭开。

从1568—1573年持续开放波斯贸易期间发生的灾祸中，可以看出上述提到的风险有多大。正如哈克卢伊特（Hakluyt）所记载的那样，若不是他们的船只在穿越里海的回航中被哥萨克（Cossack）海盗打劫，这番努力应该被证明是可以赚得盆满钵满的。船队装载了琳琅满目的货物，大量波斯生丝、各种精制的丝绸、五倍子、地毯、东印度香料、绿松石和其他商品，但这价值约4万英镑的商品，追回来的东西屈指可数。

这段时间，英国的利益都在伊丽莎白女王驻俄罗斯大使——托马斯·伦道夫爵士（Sir Thomas Randolph）的安全照看之下稳步前进。在1569年，也就是他到达莫斯科的一年之后，在经历了漫长的等待和一番繁文缛节，他所有有助于公司发展的要求都得到了满足。这些优惠在两国之间的一项常规商业条约中得以体现。在该条约中，他们获得了所有的关税豁免，并重新获准通过俄罗斯将货物运输到波斯，而且还不允许其他人在莫斯科城以外的地方从事贸易。在那个时代，英国人用独木舟将他们的货物沿德维纳河运送到沃洛格达，然后从陆路运至伏尔加河，顺流而下到阿斯特拉罕，穿过里海，穿越沙漠戈壁，到达卡斯宾（Kasbin）和其他波斯城镇。此时，他们仍然希望最终通过那里抵达中国。但是卡姆登（Camden）说，由于突厥人和波斯人之间的战争，以及野蛮人（土库曼游牧部落和乌克兰的哥萨克）的抢劫，公司受阻而退，不敢追求这项辉煌功业。

事实上，此时公司的运势正处于低谷。他们需要全力以赴，在伊凡雷帝的压迫和屠杀造成的动荡中于莫斯科站稳脚跟，而不是向更远的地方扩张。在一次贵族反抗这位野蛮统治者暴行的起义（1571年）中，莫斯科被鞑靼人占领并焚毁，该公司在这场大火中损失了至少40万卢布，约合6万英镑的财物。毫无疑问，伊凡答应过赔偿他们，但也剥夺了他们的特权。

这就是詹金森第四次以伊丽莎白女王大使身份抵达俄罗斯前的局面,这足以赢得伊凡的尊重。此外,这位最能干的外交家也促使伊凡恢复了公司的特权,并至少部分弥补了他们最近的损失。然而,他们还遭遇了海难、波罗的海的波兰海盗,以及呆账等其他的倒霉事,因此他们要过一段时间才能从这一轮的厄运中恢复过来。

不过,尽管那些独立贸易商的行为已经侵犯到他们在波罗的海以及沿挪威北角到俄罗斯拉普兰(Lapland)及科拉(Kola)的领地。公司仍然忠于特许章程的精神,并在1576年再次试图打通东北航道。但是,正如哈克卢特著作中所记载的那样,他们再次被大量存于瓦伊加奇海峡或喀拉海峡的积冰所阻碍,这些积冰从那里流向新地岛和瓦伊加奇岛之间的喀拉海。

该公司花费巨资装备了这次探险,即便是克服了前面提到的这些困难,也没完成与中国建立直接贸易关系。不过,他们将注意力转向了这些高纬度地区的深海与淡水渔业,从而在一定程度上弥补了支出。这方面肯定非常赚钱,因为在最顺当的时节,除了鱼油外,公司的船只曾经带回了多达1万条鲑鱼。因此,他们拼尽全力维护这种独家贸易。不仅防备英国闯入者,还要针对那些荷兰人,因为荷兰人于1578年左右开始侵占公司在俄罗斯拉普兰沿岸的保护区。

但是,很难看出英国特许状的特权对外国人有何影响。因此,尽管在1582年有多达"11艘全副武装的船""以害怕敌人和海盗为由"被派往那里。但毫无疑问,这些"敌人"该被理解为受皇家特许状约束,更是受议会法案约束(见上文)的英国闯入者,而非在这些水域进行合法买卖的荷兰人和其他外国人。不同国家的船员之间无疑会有摩擦。即使是现在,这种情况在多格尔沙洲(Dogger Bank)也屡见不鲜。但是，当此类事件时不时伴随着流血和其他暴行时，这些事件必须在参与斗争人员各自国家的法庭上以平等的条件解决。

然而，正如卡姆登（Camden）告诉我们的，当时的政策就是那样。1583年，伊丽莎白女王与丹麦国王签订条约，允许俄罗斯公司自由航行北海，绕过斯堪的纳维亚（Scandinavia）海岸到达白海。如果天气恶劣，还可以在冰岛或挪威海港避难。甚至连迄今为止一直对他们关闭的避风港，现在也打开了，而且不是以贸易为目的。在国王的特别许可下，每年缴纳100玫瑰金币（rose nobles）即可使用。

另一方面，虽然杰罗姆·鲍斯爵士（Sir Jerome Bowes）于1583年被派往伊凡的继任者——沙皇费奥多尔·伊万诺维奇（Feodor Yanowich）那里当大使，但他并未能获得公司在莫斯科大公国独家特权的续期。1588年，弗莱彻博士去那里办了类似的差事，他也没有取得更多成果，考虑到他们是环挪威北角航道的最初发现者，沙皇承诺将会给该公司从其他外国贸易商征收的关税中的一半。

当时，该公司主要经营羊毛制品、丝绸、天鹅绒、粗亚麻布、丝织品、餐具，以及种类繁多的杂货。但是"用于首次探险的花销，加之进献给沙皇及大臣们的大量礼物，以及与在那里其他人进行的虚假交易，使得公司在损失了约8万英镑以后才开始盈利。甚至在这个时候，由于沙皇和他的国人喜怒无常的脾气、荷兰人的侵占和大使的用度等也都要由公司承担，可见这种贸易的根基是极不稳定的"[1]。不过，这段东方开拓史清楚地证明，这些早期特许公司的进取精神直接或间接地为英国民族带来了巨大利益。若不是他们，在那些遥远的东

---

1 《商业起源》第二卷，107页。

部地区就不会有人如此多地了解到我们；如果不是公司支付了所有费用，无论到哪里，王室也负担不起派遣使节的开销。而这些使节是如何在苏菲、沙皇、苏丹等那些任性的独裁者之中维护国家的尊严和威望的（例如，在伊凡雷帝宫廷上的詹金森），这是一个历史问题，不在我们讨论范围之内。

然而利益是相互的，这一点从伊丽莎白大使杰罗姆·霍西（Jerome Horsey）在1584年代表公司调解成功的行动中可见一斑。沙皇不仅恢复甚至还增加了他们的豁免权，同时将满载了他赠予女王昂贵礼物的霍西经由陆路一并送回。霍西在由海路返回途中受到了阿尔汉格尔可谓极尽荣耀的接待，荷兰和法国用船上的大炮向他鸣炮致敬。

两年后，霍西获得了公司特许权的续期，而且还进一步扩大了特许权。尽管这些特权看似不再具有专属的性质，更确切地说，是立足于"最惠国待遇"。荷兰人和法国人就是如此，英国人在30多年前开辟了这条道路之后，他们也开始在俄罗斯贸易中占有一席之地。令人奇怪的是，我们发现沃尔特·雷利爵士在詹姆斯一世在位初期抱怨荷兰人处处超越了英国人，尤其是"他们通过船舶的结构或空间装载更多的货物，结束垄断了运输业，但他们航海用的人手比我们的少，因此他们的货物进出国外比英国可以便宜得多。荷兰人因此获得了所有的国外货运，而我们自己的船要么停在那里任由船身腐烂，要么到纽卡斯尔去运煤"。[1]

雷利对公司在莫斯科大公国的生意多少持有些悲观看法。他评论道："70年来，我们对俄罗斯进行着数额巨大的贸易，甚至在大约

---

[1] 《关于英国、荷兰与其他外国贸易和商业的观察》，1603年。

14年前，我们还送去了一批质优量大的船运货仓。但是三年过去了，我们只派了四艘船去那里，去年只派了两三艘船；而荷兰人现在增加到大约三四十艘船，每艘船都有我们的两倍大，主要装载着英国布、从我们海上捕捞的鲱鱼、英国铅和用我们的锡制成的白镴以及其他商品，所有这些我们都可以做得比他们更好。虽然它（俄罗斯）是一个花费不高的国家，但做贸易绝对很赚钱，而我们竟因为做贸易毫无章法而把它弄得所剩无几。"[1]

画风应该大概率没有像此处描绘的那般灰暗。不过在詹姆斯一世继位后的一段时间里，公司的事务的确毫无疑问处于不稳定状态。但随后又出现了复苏，亨利·内维尔爵士（Sir Henry Neville）雄心勃勃的计划在一段时间内极大地唤起了人们的希望。他在1613年提议模仿詹金森，将公司的业务扩展到波斯，甚至到印度本土。而这是在地理状况尚不完全为人所知的时候。正如约翰·张伯伦（John Chamberlain）向拉尔夫·温伍德爵士（Sir Ralph Winwood）所传达的那样，在这次大胆的策划中，提出将波斯和印度半岛的全部贸易经陆路缘海达斯佩斯河（Hydaspes）而上（即从兴都库什山上），转移到阿姆河（Oxus），这条河流当时被说成是流向里海而不是咸海。可见在这个历史时期，阿姆河无疑在咸海与里海之间改过道，我们知道"在斯特拉波（Strabo）时代，它是库那河（Kura）水道在东部的延伸。正是它提供了一条从格鲁吉亚，穿过里海和39度纬线下的花剌子模沙漠，到查尔朱伊（Charjui），再到兴都库什山下的巴克特拉（Baktra，即巴尔赫，Balkh）的连续贸易路线。"[2]

---

[1] 《关于英国与荷兰和其他外国贸易和商业的观察》，1603年。
[2] A.H.基恩，《亚细亚》第一卷，第117页。

这显然就是内维尔想要的路线，尽管阿姆河似乎在14世纪曾从咸海转移到里海；没过多久，它的河道正如现在一样，毋庸置疑地直接流入咸海。因此，除了关于横跨里海的那段之外，再也听不到该计划进一步的消息也就不足为奇了。公司继续每隔一段时间就使用一下这条路线，尤其用来进口生丝，直至18世纪由于政治动荡才关闭了这条路线。当时，先是波斯人被阿富汗人打得落花流水，后来在纳迪尔·沙（Nadir Shah）麾下的征服浪潮，立即反卷向印度德里，这便是莫卧儿帝国（Mogul Empire）的首都。

与此同时，格陵兰水域捕鲸业的发展让公司发现了新的收入来源。但是，该地区包含在从玛丽女王那里获得的最原始的特许状中（见前文），因此公司为了双保险，还是在1613年劝说詹姆斯国王另授他们一个更严谨且更具独占性的特许状。于是，无论是英国的船长还是外国的船长都被排除在外。为了让此项规定切实生效，多达七艘武装船舰立即装备并派往斯匹次卑尔根岛（Spitzbergen）。在那里，公司以国王的武力竖起了英国的十字国旗，从而以"詹姆斯王的新土（King James's Newland）"的名义将该群岛吞并成为英国领土。

这似乎是最早记载的纯商业特许公司占领新土地的案例之一，但这绝不是不费一枪一炮就实现的。因为我们所看到的是，公司用7艘战舰"从这些海域不仅赶走了15艘荷兰人、法国人和比斯开人（Biscayners，来自比斯开湾的巴斯克人）的船，甚至还驱逐了4名英格兰渔民，他们用荷兰语的'闯入者（interlopers）[1]'来称呼这些

1　这个词是荷兰语杂合的奇怪结果，由拉丁语的 between 和荷兰语的 looper（英语意为 runner）复合而成，意指非法拦截、阻止或切断别人，尤其指在贸易中；loopen 是循环往复地跑，与英语中的 leap 同源，与德语中完全对应词为 laufen，相当于英语的 to run。

人。他们逼迫某些经其允许在那里捕鱼的法国船只向他们进贡8头鲸鱼"。"每个人,"这份权威文件补充道,"都将马上看到詹姆斯国王主张的荒谬之处。他在这片广阔海域垄断捕鲸业;并将这片没有人能生存超过一个冬季的地方,称作他的新大陆。"[1]

这一点早在1614年便已被提出,但始终未得到解决。当年詹姆斯国王通过他的特命全权大使亨利·伍顿爵士(Sir Henry Wootton),就两国间出现的分歧向荷兰提出抗议,"由于格陵兰(Greenland)海岸附近北海(North Sea)的渔业,按照法律完全属于我们和我们的国民,如今却被那些荷兰人打断了"。毫无疑问,这个问题依赖于"附近"这个词被赋予的含义,显然其中牵涉不同的利益。这个词容易拥有多种解释——刚性的或弹性的。在外交解决方案出台之前,荷兰人已用实际行动解决了这一问题,那时他们每年向那些海域派遣了18艘船舰,"其中4艘是国家的军舰,尽管我们公司主张的独家权利要求(也尽管公司有13艘船只,想必没有武器配备),他们还是派遣了主力船舰在那里捕鱼"[2]。

这些争端持续了很多年。总体上看来,荷兰人占了大便宜。1617年,他们抢夺了大量英国鲸油,还有首次发现的"鲸鳍"或鲸骨,这点在目前首次提及。

大约在这个时候,新成立的东印度公司与俄罗斯公司为组建一个捕鲸业联合协会而结成了某种联盟。尽管1618年有13艘船被派往斯匹次卑尔根岛海域,但荷兰人再次证明了他们的优势,他们压制、掠夺并驱散了英国船舰,令"大部分船舰空手而归"。

---

[1] 《商业起源》第二卷,第343页。
[2] 《商业起源》第二卷,第346页。

的确，描述这个危险行业在那个时代是如何继续下去的，是一件趣事。一直到那个时候，鲸鱼也几乎没有受到什么惊扰，在很多年里仍然继续自由地在海湾和海岸附近的入口处活动。所以人们很容易大量捕获，无须在公海一路追踪，然后再驾着敞舱船用鱼叉捕捉。因此，在海边鲸脂也很容易弄上岸，然后只要在所谓的"熬制釜（cookeries）"中煮沸即可。熬制釜就是当场架设的铜锅，而后留在那里年复一年地立着。因此，人们只将提纯后的鲸油和鲸骨一起带回家。英国人最先发现这里，便占据了所有最好的避风港，令紧接着到来的荷兰人不得不在更北边寻找合适的海湾。然后是丹麦人，他们涉足于此在其两位先行者之间，再之后是法国人和巴斯克人（Basques），他们都采用了由英国人最先引入的相同"熬制"流程。

但随后鲸鱼群逐渐变得越来越少，这片近海区域最终不得不被遗弃，人们只能在离陆地很远的地方去寻找这些庞然大物。熬制的业务也告一段落。因为那时人们发现，更方便的方法是在船舷上将鲸脂切成小块，然后直接装入木桶中带回家再熬制提纯。而且事实证明，在那些高纬度地区进行深海捕鱼太危险了，俄罗斯公司放弃了它。而后很多年，英国人似乎也没有回到这些地方。

不过，此后他们继续在一座叫"三一岛（Trinity）"的小岛附近更南边的水域捕鱼，这座小岛看来是切里（Cherie，亦即Cherry）岛，现在更通常被称为熊岛（Bear Island），它位于斯匹次卑尔根岛和挪威之间。但即使在这里，他们也遇到了自己同胞的反对，他们是刚刚发现了这座岛的赫尔岛（Hull）的渔民。事实上，卡拉姆津《编年史》中提到，1618年，詹姆斯国王将该岛授予赫尔公司，用于捕鲸。因此，赫尔人现在拒绝承认特许公司在这些水域捕鲸的专属权利。但是，无论他们转到哪个方向，似乎都一无所获。多年来他们与所有的艰难险阻进行顽强斗争的勇毅，很可能会激起我们对这个协会的钦佩和同情，这个协会已经将英格兰的名字和名声带进了沙皇与苏菲那遥远的版图，并且长期以来它一直是英国精力泛滥的安全阀。

1620年，为了复苏或者说进一步发展波斯贸易，该公司的一名代理人霍布斯先生（Mr. Hobbs）从莫斯科沿过去的里海路线，前往当时苏菲的首都——伊斯法罕（Ispahan）。在给雇主们的信中，这位精明的"旅行者和商人"始终着眼于探险的主要目标，记录他有趣的经历。我们可以读到，当时里海的各个港口都在进行生丝贸易，并指出该公司可能很容易通过将批发商吸引到俄罗斯来垄断这一有利可图的贸易。我们进一步获悉，从里海水域"消失已久"的波斯船只仍在将其染色丝绸、印花棉布和波斯纺织品带到阿斯特拉罕，以换取黑貂、貂皮、俄罗斯享誉已久的红皮革和俄罗斯旧硬币。霍布斯先生还提请大家注意，由于土耳其人、阿拉伯人、亚美尼亚人和葡萄牙人的竞争，他们各自密谋反对该公司与波斯的贸易，因此必须直面困难。

尤其是葡萄牙人，据说在所有场合他们都是英国人的最大竞争对手。然而，他们与我们的较量很快就结束了。因为在17世纪末之前，他们被阿曼（Oman）的阿拉伯人从印度洋西部扫地出门——阿曼帝国当时包括阿拉伯南部海岸、部分波斯海岸和从瓜达富伊角（Guardafui Cape）接近到赞比西（Zambesi）河口的东非海港。正是这个帝国后来（1856年）一分为二，北部地区由所谓的"伊玛目（Imams）"马斯卡特（Mascat）统治，而非洲部分则在伊玛目王朝的一个分支下组成桑给巴尔苏丹国（Sultanate of Zanzibar）。

霍布斯的旅程很快在1623年詹姆斯国王和沙皇米哈伊尔·费奥多罗

维奇（Michael Feodorovich）签订的《友好通商条约》中结出了硕果。该条约延续了公司的特权，虽然并不是专属特权。其贸易的波斯分支受到该条款的特别承认和保护。条款规定，"如果双方任意一方的君主有必要通过其他缔约方国家派遣（使节、信使等）到他国……或出入波斯、土耳其，以及其他不与任何一方公开敌对的东方地区，他们应携所有货物和人员自由通行，并有权在陆路和水路上享有护卫"。

总的来说，该条约在英国和俄罗斯之间建立起完全的贸易自由，但"只为所有就大不列颠与俄罗斯诸疆域的贸易而言，经王权特许状之准允。据此恩诏，及由举世闻名的全俄罗斯沙皇陛下、至尊至贵的大领主和全俄罗斯至圣牧首之已允和此后将允与英国商人之特权，不适用于他者"。当然，这一条款的作用是，俄罗斯公司的豁免权得到了双重保障——英国方面通过了其章程，俄罗斯方面通过了对这些章程的官方认可。

如前文所述，捕鲸业在查理一世统治时期得以恢复，因为他不仅于1636年更新了詹姆斯一世授予公司的专属权，并进一步指示道："为鼓励该公司和增加航行，任何人，无论是本国人还是外国人，都不得输入任何整片鱼鳍或鲸油，唯所称之公司除外。而仅就捕鲸业而言，此其联合股份制的职责，违者皆重罚。"由于我们很少再听到与渔业有关的麻烦和纠纷，因此可以推测这一行业从此以和平的方式继续发展，当鲸鱼数量减少，使得捕鲸不再有利可图，它才最终结束。

与此同时，俄罗斯又出现了新的麻烦。此前，英国国王查理一世被处决引起了俄罗斯的极大愤慨，并至少成为剥夺该公司豁免权的一个明确借口。在此事件以前，英国人已经完全掌控了对阿尔汉格尔的贸易，而且他们的权益在1645年阿列克谢·米哈伊洛维奇登基之时已得到充分认可。但现在一切都变了,荷兰人利用全欧洲对"英国人弑君"的普遍不满情绪,在俄罗斯宫廷获取了极大影响力,以至于完全取代了他们的竞争对手。据称,几年后他们仅在阿尔汉格尔就雇佣多达200名代理人。

即使在复辟之后,俄罗斯人对英国人仍然保持着同样的敌对态度,或者更准确的说法是,荷兰人在俄罗斯朝堂的阴谋诡计使这种态度长盛不衰。因此,查理二世(Charles Ⅱ)在1663年为获得公司特权的续期,特别派遣卡莱尔伯爵(Earl of Carlisle)使团前往俄罗斯,但结果未能如愿。在俄罗斯为拒绝这一优惠而提出的似是而非的借口中,有一句话是:"所有最初获得特权的英国商人已不在人世,他们的特权也随之过期。"就算卡莱尔伯爵申辩说,这些特权"是授予英吉利民族的,不是给某一特定团体的,因此永久有效",也是徒劳无功。经历了漫长而乏味的谈判,英国竭力主张自己是第一个开启两国之间盈利贸易的,当邻国君主联合起来关闭了纳尔瓦港(Narva)之时,是英国人在东海(波罗的海)与俄罗斯的敌人作战,他们为俄罗斯人的战争既装备了指挥官、人力,还给了钱,诸如此类。但这一切说辞都毫无用处。这位特使不得不于1669年返国,要获得让该公司同荷兰有相同的地位来与俄罗斯进行贸易的许可几乎没有达成。

无论达成与否,这些外交使团真正的利益,存在于若非特许贸易协会,就根本不会有这样的使团的考量。在那片野蛮的东方土地上,如果没有这些法人团体的进取精神来显现英国在西方世界蒸蒸日上的力量和影响力,那么英国肯定一直只能顶个人云亦云的名头。因此我们早些时候造就了"英国利益",英国商人暴露在眼红的外国竞争者之前,需要母国的悉心呵护,也需要不时地向那些东方的当权者派遣使团。而且由于在荷兰、法国和德国的领事及其他政治代理人在一开始曾得到这些公司的支持。而今，为了获得新的利益，大公司不惜付出巨大代价继续配备这些赴远东的使团。

在瑟洛（Thurloe）的《国家文档》（第二卷第558页）中，我们可以看到"护国主陛下遣往沙皇陛下的信使"威廉·普里多（William Prideaux），在1654年向阿尔汉格尔总督表达的文字。据海牙方面报告，应当时流亡在外的查理二世的代理人卡尔佩珀勋爵（Lord Culpepper）要求，英国人被驱逐出阿尔汉格尔。随即一支商业船队在克伦威尔的信使普里多的陪同下被派往那里，普利多给总督写了一封信，除了其他事情以外，在信中还陈述了"鉴于一段时间以来英国商人被阻止进入阿尔汉格尔港开展贸易，现如今他们只能随船满载货物来此。因此，以英格兰、苏格兰及爱尔兰大联邦护国主的名义，需要从总督大人那里得知是否允许自由贸易。若允许，我们得以何种条件进行贸易"。结果，该信令白海港口再次对英国国民开放，总督宣布："此英国公司得全俄罗斯帝国陛下之许可，可于阿尔汉格尔交易所有非限制货品，其支付的关税与其他新来者相同。"

考虑到荷兰人的阴险图谋煽动了西方拥护共和党政体者普遍存在的敌意，这绝对是一个巨大让步。因此，多加一个附文也没什么出乎意料的，即"英国人在该港口完成交易后，必须立即出海'返回本国'，并且不允许像以往那样前往莫斯科或俄罗斯的任何其他地方。但未售出的货物既可以留在阿尔汉格尔，也可以运回英国。然而，普里多先生被准许前去莫斯科，以使俄罗斯皇帝陛下熟知其所称的护国主所授之使命"。想不到的是，沙皇竟然同意接待"弑君者"的信使，这确实意义非凡！这一事件显示了一个上位者所秉持的尊重，就算不是关爱,哪怕他是东方的君主,他拥有在全世界维护英吉利民族权益的权力和意志。

在17世纪的最后一年,俄罗斯公司的章程引入了一项变革,目的是让它变得更具弹性,从而使其更加适应时代的自由化趋势。"每个想要获得成员资格的国民都要同样支付不超过5英镑的费用",这一规定相应地被制定通过。这一规定的实际效果是,在公司和个人都满意的有利条件下,向所有想与俄罗斯进行贸易的英国国民开放。那个时候,一宗经营各种松脂制品(naval store)的赚钱大生意便显而易见地发展起来了。因为在同一年(1699年)颁布了"海关专员应在每届议会的会期,向两院提交所有从俄罗斯进口到英国的松脂制品的报告"。目前还不清楚英国为什么要制定这项法令,也许正如安德森提示的那样,"当时的立法机构有心思推动从我们美洲的种植园进口松脂制品"。[1]要是那样的话,倒是提供了我们在新世界殖民地的发展,以及如何开始对东半球的商业关系产生影响的示例。

然而,与此同时,来自俄罗斯的进口继续增长,以至到18世纪中叶,据称外汇收支大幅顺差到该国。伯钦博士(Dr. Burching)在他的《俄罗斯新地理》(New Geography of Russia)中指出,1749年彼得堡(彼得大帝尚未被封为圣徒)的外贸出口额为3184320卢布,进口额为2942200卢布,与俄罗斯的顺差余额略有出入。而关于英国的交易情况如下:

---

[1] 《商业起源》第三卷,第198页。

表3 俄罗斯公司与英国的交易情况表

项目	卢布
从彼得堡出口至英国	2245573
从英国出口至彼得堡	1012209
英国交易贸易逆差	1233364

但是创造的那么多收益，并不是结论性的。因为我们没有把俄罗斯公司与阿尔汉格尔之间的贸易计算在内，更没有明确地参与通过俄罗斯与波斯进行的间接贸易。

随后，该公司通过一项议会法案恢复了长期以来时断时续的波斯贸易，该法案旨在通过俄罗斯开放进出波斯的贸易。

在这方面需要提及的是，几年前（1741年），长期以来时断时续的波斯贸易借由公司获得一项"为开展经俄罗斯进出口波斯的贸易"的法案而得以重振。为此目的，一项准予豁免的条款引入《乔治二世十二法案》，法案禁止除商品出产或制造地，或是通常习惯上的装运地之外的商品进口。此前，由于生丝和其他波斯商品在很长一段时间内没有通过俄罗斯运到英国，因此现在必须颁布一项新法令，允许它们就用英国船只进口，以羊毛或其他英国商品进行以货易货交易，支付与黎凡特（土耳其）公司（the Levant Company）从黎凡特地区运来的此类商品相同的关税。

此后，这一复苏令贸易蓬勃继续发展多年。从1750年的法令可以看出，批准1741年法案，使俄罗斯公司所有准入者拥有仅对他们且有权在上述条件下通过俄罗斯进口"波斯生产生丝"的权力。1746年纳迪尔·沙阿（Nadir Shah）去世后不久，波斯内乱爆发，动荡不已。

此后，通过沙皇领土与波斯的陆上交往看来是彻底断了，此后再也没有恢复。

如此一来，俄罗斯公司盈利生意的一大财源永远地失去了。而且，由于此前捕鲸业也几乎处于亏损经营状态，可以说除了挪威北角及阿尔汉格尔附近的贸易外，公司几乎没剩下什么了。一旦那条更短、更方便的路线可供寻求国际贸易之用，也就是说，只要环波罗的海国家——瑞典人、丹麦人、波兰人和俄罗斯人就争端决出高下，并以和平方式安定下来，这条线路将无法再被利用。而且这条不稳定的路线虽然从未被放弃，但也无法妄求与波罗的海的路线竞争。换句话说，这一"海上和平关闭（pax maris clausi）"可以说是给了俄罗斯公司致命的一击，它同其他所有规约公司一样，在18世纪末期死于营养缺乏。它没有给这个国家留下任何领土，哪怕是冰封的斯匹次卑尔根岛或渺茫的"三一岛"。但它留下了一份富有启发性的记载，记录着长期以来与逆境抗争的顽强拼搏。当然，还有一份丰厚的遗产，即崇高的事迹和难以忘怀的记忆。

第五章

**波罗的海贸易的尝试：
东土公司**

/////

同挪威北角海上路线一样,阿尔弗雷德大帝早就通过奥特尔远至石勒苏益格(Sleswig)的第二次航行经历,以及伍尔夫斯坦(Wulfstan)入"东海"、至但泽(Danzig)附近的特鲁索(Truso)的航行,了解到波罗的海的海上路线。为此,国王将从两位航海家那里得到的纪事,收录在他的《奥罗修斯世界史》中,后来又由兰巴德(Lambarde)翻译(部分)收录在《哈克卢特著作集》(*Hakluyfs Collection*,1598年第二版)中。

如果你能细细品味这些早年间妙趣横生的探险,将是一件乐事,尤其是伍尔夫斯坦的经历。他是一个土生土长的盎格鲁人。因篇幅有限,我们不讲他的故事,直接跳到结论。与绕过挪威北角的路线不同,穿过松德海峡(the Sound)到达波罗的海的这条路线,我们的水手从来没有忘记波罗的海或称"东海"——英国人的祖先一直这样称呼它,德国人现在也开始使用这一称呼。这些内陆水域时常有英国船长靠王室的特许状进行自负盈亏的贸易。直到伊丽莎白时代,当时得益于英国贸易公司的合并,将波罗的海围成一个封闭的海洋,而该公司恰如其分地称为东土公司(the Eastland Company,有时也音译为伊斯特兰公司）。

该公司于1579年首次获得特许状，特许状上称其为"东土商人联谊会"。根据这份文件，他们有特权"享有经松德海峡入挪威、瑞典、波兰、立陶宛（俄罗斯公司保留的纳尔瓦除外）、普鲁士和波美拉尼亚，从奥德河向东到但泽、埃尔宾（Elbing）和科尼斯堡（Konigsberg），还有哥本哈根、赫尔辛堡、芬兰岛（此处所称为一座岛，并非芬兰）、哥得兰岛（Gothland）、博恩霍尔姆岛（Barnholm）和厄兰岛的独家贸易权。他们应配有一名总督、一名或多名代理，以及24名助理。他们可以制定细则，并对所有未被准许来这些地区贸易的人处以罚款、监禁等"。

据说，这些专属特权的主要目的是鼓励在这些水域做买卖的英国公司能抗衡势力强大的汉萨同盟。但是，作为一个风格较为死板的规约公司，该协会显然从一开始就引来了私人冒险家的满腹牢骚。那些人自然会对被排除在过去经常来往的地区之外感到愤愤不平，要不就得答应严苛的条件。

事实上，人们可能会质疑，当时将波罗的海转变为封闭海域的政策是否合理，即使只是出于权宜之计。

可以说，当时波罗的海已经成为"北地中海"，许多民族在此安居乐业，他们具有免受海盗袭击的深层优势。与此同时，在巴巴罗萨（Barbarossa）占领阿尔及尔（Algiers）后，"南地中海"再次暴露在海盗的侵袭之下。随即，英国商人纷纷撤出"南地中海"。毫无疑问，波罗的海国家之间战火不断，但至少都是基督教徒，而且大部分都是近亲。因此，在当时情况下，除汉萨同盟之外的所有人，都普遍对英国商人有好感，他们乐于用自己手里的原材料去换取英国商人各种各样的制成品。

至少在16世纪下半叶，仍然不需要特许状来保护英国在东边的贸易，在后来的时代需要得更少。因此，东土公司的人承袭了各种弊端，其实最主要原因是没人需要他们。因此在其存在的整个过程中，他们不断地和私人冒险家争吵，但私人冒险家在这里也不应想当然地被污蔑为"闯入者"。

尽管如此，他们也偶尔兴旺发达过。如在斯图亚特王朝的第二代君王当政期间，公司强大到足以使他们所有主张都得到充分认可。1629年，查理一世代表他们发表一份著名公告，这份公告现在看来依旧耐人寻味，值得在这里详细摘引：

"鉴于在至少50年之内，东土公司在上述的波罗的海海域拥有稳定且持久的贸易，公司在那片海域已成为我们英国货物的唯一运出者，也是波罗的海周边国家商品的独家引进者，这些商品有大麻纱（hemp-yarn）、缆索股绳（cable-yarn）、亚麻（flax）、钾盐（potashes）、绳灰（rope-ashes）、波洛尼亚羊毛（Polonia wool）、绳索（cordage）、东土亚麻布（Eastland linen）、布匹、沥青（pitch）、焦油（tar）以及木材。我们的王国因此变得更加富足，我们的船舰和船员努力工作，国家的荣耀和声威得以在那些地域传播并隆盛。

"鉴于为了进一步鼓励他们，上述公司现在享有专属特权。此权由伊丽莎白女王颁下特许证的公司享有，考虑支持所述之贸易，不使社团承受对其自由和特权侵犯及削弱之苦，对所有未经特许证许可的他人普遍禁止和约束。朕心甘情愿批准上述特许生效。

"朕特此严格赋职并敕令我们所有的顾客、审计官等，不必蒙受任何宽幅布、粗呢绒、克瑟呢、巴亚斯呢、毛皮或诸如此类的英国商品进出口之苦。无论是哪个所述的公司过去贸易的外邦的任何其他商品，只要船运出口到那些地区就受权力保护。

"玉米和谷物的进口始终免税且不受任何限制。我们还严格执行理查二世的第五条法令、亨利七世的第四条法令和国王亨利八世的第三十二条法令，禁止运输装在陌生人船中的货品，无论是内运还是外运，都应正式执行。且无论是所述公司还是其他公司，均不允许使用除英国以外的船舶来出口或进口上述商品，否则将受到上述法令之处罚。"

从这里对先前法令的引用来看，为保护或鼓励英国船运而制定的《航海法》（the Navigation Act）中的某些条款早已被都铎王朝首君，甚至是金雀花王朝末代君王预料到了。同样值得注意的是，从波罗的海地区进口"玉米和谷物"，在查理一世时期已经获得了重要的国家战略地位，甚至被排除在特许公司的特权之外，并"免税且不受任何限制"。

1672年，议会又通过了一项法案，将其豁免权降至最低。让这家背运的公司受到了更重的打击。为了鼓励东土的贸易，带着某种辛辣的讽刺，执行其中的一项条款，"特此颁布，自1673年5月1日起，所有人——无论是本国人抑或外国人，均可在瑞典、丹麦和挪威自由贸易，即使任何与东土公司特许状相违，亦然"。

如此一来，大笔一挥，整个斯堪的纳维亚半岛被从其管辖范围中移除。从此，其管辖范围仅限于内海南侧更偏东的、大部分不发达的沿海地区。

且根据另一条规定，不管是谁，即使是英国人，今后想要加入上述东土公司联谊会，只应支付40先令。换言之，公司来者不拒，或者至少向所有英国臣民开放，只需缴纳象征性的2英镑费用而已。

这些苛刻的规定出台，使人们普遍认为此特许机构是一个时代之错。约西亚·柴尔德（Sir Josiah Child）为此举措做了正解，他当时宣称"东土公司通过其排除他人在贸易之外，而非排除在公司以外，使荷兰人得以向波罗的海所有地区提供了绝大部分运至彼处的商品。而且，荷兰没有东土公司，他们的贸易量却是我们的十倍"。

这样的观点在当时显然是毋庸置疑的。事实证明，任何有进取心的国家都可以在没有租船合同保护的情况下，在波罗的海周边国家的土地上开展有利可图的业务。但在两方经济学中有一条公理，如果不需要特许状，即垄断，就必被视为绊脚石，应立即除之。

事实上，这就是东土公司的命运，他们经过一个多世纪可有可无的存在之后，由《权利宣言》（the Declaration of Rights，1689年）中的那些条款而遭到致命一击（coup de grace）。依据这些条款，所有未经议会实际批准的垄断权实际上都被废除了。东土公司毫无疑问属于那些条款的范围之内，因此，从那一刻起，它不再是一家特权贸易公司。

第六章

另一个东印度公司：土耳其（黎凡特）公司

/////

如果关于东土公司的历史可以看作是在不需要特许机构的地方建立特许机构的反面教材，那么我们在地中海发展贸易的第一次努力的历史就是在需要的地方建立此类机构的范本。

我们在这一方向上的第一次不大成功的尝试始于1413年左右，当年有记录称，"一家伦敦商人的公司用几艘船装载了价值24000英镑的羊毛和其他商品，前往摩洛哥西部地区"。但是，一些热那亚船对这些商品非常眼红，围捕了离港的伦敦船只，继而将它们劫往热那亚。因此，国王亨利四世准许受害者只要能找到热内亚人的船只和货物，无论在任何地方都可进行报复。可是，受害者有这个能力吗？

就这样，这些私人冒险家的第一番尝试被扼杀在萌芽状态，因为在没有法人团体威望和资源支持的船长手中"捕拿特许证和对（强大竞争对手）[1]人身和货物的报复"几乎是不可能的。因此，直到1511—1534年间，这些遭难的公司才恢复元气。这个时候我们从一些地方读到"伦敦、南安普敦和布里斯托尔的各种高桅船舰"把贸易做到了西

---

[1] 括号内的词不在引语以内，是引语以外的部分。——编者注

西里、干地亚、希俄斯、塞浦路斯,甚至到了的黎波里和叙利亚巴鲁特——也就是黎凡特[1]的最东岸诸地。这次航行花费了一整年,途中被种种危险所困扰,以至于其中一艘"高桅船舰"虽勉强脱险,但仍被拖进布莱克沃(Blackwall)造船厂的船坞后便再没出过海。

此时,我们的热那亚对手已被巴巴里海盗所取代。巴巴里海盗的渊源来自被西班牙人驱逐的摩尔人,他们从掠夺西班牙的仇敌开始,最后以在地中海,甚至时不时地在大西洋搜掠而告终。

因此,贸易在巴巴里海盗手中足足中断了半个世纪之久。后来伊丽莎白女王渴望与土耳其开启直接的交往,便于1579年派威廉·哈伯恩(Harebone)前往苏丹穆拉德三世的宫廷,并从苏丹那里获得了准许,允许英国商人与其他国家人一样自由前往黎凡特。

经过这一番准备步骤之后,伊丽莎白于1581年授予爱德华·奥斯本爵士、托马斯·史密斯、理查德·斯特普和威廉加勒特公司特许状。其中奥斯本和斯特普在此被陈述为"以自己巨大成本和花销"发现并开启与土耳其的贸易往来。而迄今为止的贸易,在所有现世人的记忆中是已知为任何英国的商人、英国臣民或先民都普遍应用且频繁地以商品的方式进行交往之物。通过贸易可以为基督教国家的和平、基督教奴隶的救赎和王国商品的外销助力良多,使王国的名誉和威严得以提升,王国的收入和国民的财富得以增加。

女王陛下特许状授予那四位商人,当然也还有其他的英国人,但其总数不超过12人。这些人由上述的奥斯本爵士和斯特普委派加入他

---

[1] 黎凡特,源于意大利语levante,意为"升起",简译为"东方",就是太阳升起的地方;但是它以一种特殊的意义被应用于地中海东部地区。在那里,意大利人(威尼斯人、热那亚人)以前是占统治地位的欧洲人。广义上讲,它包括埃及、叙利亚、巴勒斯坦、小亚细亚、爱琴海群岛和爱琴海西海岸。——译者注

们的行列,并成为他们的代理人、雇佣人员和副手中的一员,进行为期七年的土耳其贸易。

特许状要求,在上述期限内,对土耳其的贸易需遵循以下三项规定:(一)女王可在提前一年发出通知后随时撤销此项独家授权;(二)女王本人可在上述特许人数量上增加两名成员;(三)在所述七年授权之末期,女王在确认独家贸易对于王国显得并无不利的前提下,可根据他们的请求,授予其另七年的续约权。

可见,这份审慎的特许状为何会产生,正如威廉·蒙森爵士在他1635年的《海军特写》(*Naval Tracts*)中说的,"我们不可能更早地前往那里做生意,因为落入土耳其人、巴巴里海盗手中是非常危险的。在这个时代,土耳其人对我们的国家一无所知,甚至认为英格兰只是伦敦王国的一个城镇"。

若不是这个势力强大的特许组织恰逢其时地成立,这种无知可能会持续更久。就在第二年(1582年),我们从《女王致土耳其苏丹的信》中读到,皇帝礼节非常周全地从女王的大使哈伯恩手中接下了信件,哈伯恩当时与其说代表其君主,还不如说差不多代表了这些贵族商人。在女王的指令下,他代表他们立即着手任命在那时对英国人开放各个海港的领事,并制定规章制度以指导他们在整个黎凡特地区建立贸易关系。于是在英格兰这个自十字军时代以来几乎无人知晓的地方,带给了英国企业在这一地区发展的一股巨大的动力。这些东方人现在学会了区分弗林吉(Feringhi)和英格利斯(Ingliz),并且或许已经在不知不觉中感受到曾经的英格利斯即是马上要到来的民族。

这家公司成立后的第一项改进便直接影响了航运利益,因为当时发现,如果想在漫长的航程中穿过风暴肆虐的比斯开湾,逆流进入辽阔的内海，就必须建造更大、更结实的船只。这个发现与我们这个时代苏伊士运河开通所带来的变化一样迅速。因此，在企业的初创时期，我们看到协会成员在出席女王和议会的会议时，因为他们建造了大净载量船，而得到了极大的感谢和高度的赞扬，也鼓励他们"为了王国"要继续下去。这一场景无愧于伟大的伊丽莎白女王的盛世之时，也无愧于我们史学巨擘的画笔。

另一个影响国家整体福祉的巨大优势是，在黎凡特贸易开始后不久，东方商品的价格就大幅下跌。这些商品包括各种各样的药品和水果，如醋栗、无花果、葡萄干、椰枣，还有咖啡果……总之，所有这一切趋向于更加全面的进步，并帮助英格兰民族很快就置于与西方其他民族相等甚至更高的水平。

从一开始，这种不断增长的贸易一直被困难和危险所困扰，私人冒险家从未成功地与之抗衡过。我们知道当代作家们对公司船队从巴巴里海盗那里暴露出来的危险进行了大量描写，他们告诉英国人每年不得不持续送价值高达2000英镑的贡品给巴巴里海盗。他们还谈到威尼斯人的苛捐杂税和敌意。在这方面，威尼斯人在地中海地区所起的作用与汉萨人在北方所起的作用大致相同。但是，作为一个主权国家，他们甚至有更有效的手段来损害英国人的贸易，对英国人从其管辖下的所有领土进出口征收重税。

在西班牙战争期间，所有这些危险加剧了，以至于该公司的船只不得不定期进行海战，以保卫他们丰饶的财富。1590年，在直布罗陀海峡发生了一场令人难忘的战斗，当时有10艘返航的英国船只遭到12艘西班牙战舰的攻击，且每艘西班牙战舰都装备精良，还配备了300名船员。然而，经过6个小时的激战，西班牙战舰被打得溃不成军，船舰损毁严重，人员损失众多。英国人却毫发无损，据报道没有任何伤亡。

该公司于1593年根据新章程在更广泛的基础上进行了重组，为期12年，冠名为黎凡特总督和商人公司（the Governor and Company of Merchants of the Levant）。

英国人的活动范围也随之扩大，不仅包括苏丹领土的"陆路和海运"，还有威尼斯共和国，以及印度——也就是说，英国人已可以通过它（土耳其苏丹）的国家直达东印度，这一贸易路线后来被约翰·纽贝里（John Newberry）、菲奇（Fitch）等人多次行走。

上段最后这句话在后来引起了很大的争议，在这里需要稍微解释一下。一个异乎寻常的事实是，虽然葡萄牙人瓦斯科·达·伽马（Vasco da Gama，1497年）是最先通过海路到达印度的，但英国人也有着现已为人们所遗忘的荣誉，他们开辟了或者更确切地说是重新发现了早被世人熟悉的陆上路线。已知的第一个深入该地的英国人是萨赛特耶稣会学院的托马斯·斯蒂芬斯（Thomas Stephens，1579年），但是第一批开辟陆路贸易路线的英国人其实是上述土耳其公司的成员纽贝里、菲奇和利兹。这些人在1583年带着布、锡和其他货物从阿勒颇到巴格达，然后沿着底格里斯河和波斯湾到奥尔木兹（Ormuz），然后依次到达果阿（Goa）、阿格拉（Agra，当时的莫卧儿王朝的首都）、拉合尔（Lahore）、孟加拉（Bengal）、勃固（Peru，在缅甸语中读Pegu）、马六甲（Malacca），以及其他"马来西亚黄金半岛（Golden Chersonesus）"地区。

他们是女王给"坎巴夷替国"（Cambaya，位于印度西北海岸的坎贝）国王和中国皇帝传送推荐信的信使，而中国则是他们这次非凡远征的最终目标。但可惜的是，他们最远也就到马来亚。后又经过奥尔穆兹和巴格达到叙利亚的阿勒颇和的黎波里，从那里乘坐该公司的船去英国，于1591年抵达伦敦。这些先驱者们带回的关于当时印度贸易关系丰富的信息储备，无疑是1593年特许状续约的主要诱因。特别是，当时土耳其公司的管辖范围已通过陆路航线延伸到了印度。不过，这一行为把波斯免费留给了俄罗斯公司。

在更新后的特许状中，条款规定为贸易提供充分的保护，装备了"配备军械和弹药的四艘甲级船舰，以及200名英国海员"作为公司舰队的护卫舰。但如果因保卫王国而需要他们，则保留在3个月通知后撤出舰队的权利。此外，该公司的船只允许悬挂一个白底红十字的"英国国徽"。这也表明这些伊丽莎白时代的贸易公司与王国的总体利益联系起来了。

还有一个证据是由王室因威尼斯共和国对他们的商品征收重税而采取了有利于该公司的行动所提供，为了赔偿损失，威尼斯的国民除非有该公司盖章的许可证，否则女王将禁止其"将任何形式的称为葡萄的小水果进口到英国，如科林斯的葡萄干、坎迪亚的葡萄酒等，违者处以没收船只和货物，一半归女王，一半归公司。但前提是，如果威尼斯国家取消上述新关税，那么涉及葡萄干和坎迪亚葡萄酒的限制就会失效"。因此，在那个时代，禁止性关税、自由贸易和"公平贸易"的问题得到了理解和解决。以同样的方式，贸易协会的利益被视为国家利益，由国家来保护以抵御外国侵略。

在为期12年的特许状到期（1605年）后，詹姆斯一世将其永久续签，该公司正式被指定为与黎凡特海域贸易的英格兰商人（the Merchants of England to the Levant Seas）。所有26岁以下的英格兰臣民，准入费为25

第六章 另一个东印度公司：土耳其（黎凡特）公司 / 069

英镑；26岁以上的准入费为50英镑；所有学徒为1英镑。就这样，最有利可图的英格兰贸易就永久地建立起来了。通过这种贸易，我们每年都出口大量的羊毛制品和其他商品到黎凡特。此前，威尼斯人一直垄断向君士坦丁堡[1]和黎特其他地区供应羊毛布和其他商品，现在英国人也开始他们的黎凡特贸易。而且由于英国人能自己生产羊毛，所以他们的布料比威尼斯人卖得更便宜，随后便是他们把威尼斯人从土耳其的布料贸易中完全排挤出去了。这个时候黎凡特贸易的利润据称曾一直是"三倍利润"（three to one）。

ARMS OF THE LEVANT OR TURKEY COMPANY.
Incorporated by Elizabeth.
Hazlitt, "Livery Companies of London."

图3　黎凡特公司徽章

永久特许状的一个自然而然结果就是英国常驻土耳其大臣的任命（1606年）。第一位被任命的是托马斯·格洛弗（Thomas Glover），他被描述为"詹姆斯国王在奥斯曼皇帝、苏丹艾哈迈德特领地的特使和代理人，土耳其苏丹慷慨地同意我们的商人可以在他的领地进行贸易。特此授予上述托马斯·格洛弗居住在他认为最好的土耳其地区的自由，并可以在其他适当港口任命英国政府领事。" 因此我们看到，与莫斯科公国的情况一样，英国和土耳其之间建立起正常的外交关系，完全是出于英国与土耳其贸易的缘由，而当时英国的贸易完全是由一家特许公司独家经营的。

1　即伊斯坦布尔。在欧洲，至今仍有一些人将伊斯坦布尔称为君士坦丁堡。——编者注

表4 黎凡特历任总督列表

年份	历任总督
1581—1592年	爱德华·奥斯本爵士（Sir Edward Osborne）
1592—1592年	理查德·斯特普（Richard Staper）
1600—1600年	托马斯·史密斯爵士（Sir Thomas Smith）
1605—1623年	托马斯·洛爵士（Thomas Lowe）
1623—1634年	雨果·哈默斯利爵士（Sir Hugh Hammersley）
1634—1643年	亨利·加拉韦爵士（Sir Henry Garraway）
1643—1653年	艾萨克·佩宁顿爵士（Isaac Penington）
1654—1672年	安德鲁·里卡德爵士（Sir Andrew Riccard）
1672—1673年	约翰·乔利夫（John Jolliffe）
1673—1695年	伯克利伯爵（The Earl of Berkeley）
1696—1709年	威廉·特伦布尔爵士（Sir William Trumbull）
1710—1718年	昂斯洛勋爵（The Lord Onslow）
1718—1735年	卡纳冯伯爵（The Earl of Carnavon）
1736—1766年	德·拉·瓦尔伯爵（The Earl De La Warr）
1766—1772年	沙夫茨伯里伯爵（The Earl of Shaftsbury）
1772—1776年	拉德诺伯爵（The Earl of Radnor）
1776—1792年	吉尔福德伯爵（The Earl of Guilford）
1792—1799年	利兹公爵（The Duke of Leeds）
1799—1821年	格伦维尔勋爵（The Lord Grenville）
英国政府于1821年接管了该公司，1825年该公司解散	

随着这种贸易的增长，国王代表的权力和影响力也随之增长。正如从约翰·爱爵士（1619年）的任命中我们所看到的那样，他不再是"代理人"而是"部长"；不再居住在"土耳其他认为最好的地区"，而是从今以后附属于"在君士坦丁堡的奥斯曼皇帝的宫廷"。他的使命再次被宣布为"解决英国和土耳其之间的友谊和商业问题"。国王像以前一样授予这位大臣任命领事的权力。这方面最令人回味的是穆恩在1621年对我们的黎凡特贸易所作的描述，当时"在欧洲所有国家中，（英格兰）由于有大量的粗布、锡等，将最有利可图的贸易带到了土耳其。我们出口到那里——换回我们在土耳其想要的所有商品，尤其是每年300大包波斯生丝。然而，在那里进行贸易的其他国家支付的货币有不少余额。如马赛每年向阿勒颇和亚历山大港至少运送50万英镑的货币，但几乎没有货物。威尼斯每年运送大约40万英镑的货币，此外还有价值不菲的货物；低地国家——荷兰——运送大约5万英镑的货币和少些货物；墨西拿——西西里——运送2.5万英镑的货币；此外还有来自德国、波兰、匈牙利等国运送的大量黄金和银圆（thalers）。而所有这些国家都从土耳其人那里购买到了大量的驼呢（驼呢，驼毛呢，生驼绒）、格罗葛兰（法语词，罗缎、粗罗）、生丝、棉花、羊毛、纱线、五倍子、亚麻、大麻、大米、兽皮、羊毛、蜡、谷物等"。

1643年，议会批准了对先前权利的确认，并进一步延长特权。这一措施想必是为了换取协会向国家预付的某些钱款。公司现在被授权"对在英国船上或陌生人的船上运去或从黎凡特运来的所有货物，向其成员和新来者征收税款，用以支付公司的必要开销，同时还要支付经议会批准预支定额资金,用于国家用度和收益"[1]。

如此广泛的权力当然不是在没有实质考虑的情况下授予的,而且从提及"用于国家用度和收益"而预付的钱款来看,显然特许公司在当时被认为是一种方便的、不过也有些违反宪法的增税手段。恰恰就在1643年,商人冒险家们支付了3万英镑以换取特权的延长。但是,就延长和扩大豁免权所给定的主要原因,是整个国家从这些协会的商业活动和航海的发展中间接获得的利益。

1661年,查理二世走了不太合理的一步,即在批准先前的权利和豁免权的补充特许状中增加了一项条款,大意是"除贵族和缙绅之外,居住在伦敦市区20英里开外的人不能获准取得上述公司的自由准入权,除非该人首先脱离伦敦市"。因此,不仅在居住伦敦区但不合条件的人被排除在外,连王国的所有普通国民也被排除在外,不能与黎凡特进行贸易。后来这项规定引起了诸多不满也就不足为奇了。而且事实上,这也在很大程度上造成了公众对土耳其公司的偏见。

与此同时,该公司继续蓬勃发展,到1675年就强大到足以从苏丹穆罕默德四世手中获得了将他们的贸易范围扩大到黎凡特,甚至通过黑海或陆路扩展到莫斯科公国和波斯。在这非凡的商业条约中,英国国王废除了之前的争议,授予了下面的这些特权:所有英国国民都获准在公司旗下,在土耳其居住和贸易,与法国人、威尼斯人或"任何基督教国家"同等待遇;但条约进一步规定,荷兰人以及西班牙、葡萄牙、安科纳(教皇国)、佛罗伦萨等国的商人一样在土耳其进行贸易时,将永远打着英格兰的旗号到那里去,并以与英国商人相同的方式向英国大使和

---

[1] 《从英国到东印度的贸易篇章》(*Discourse of Trade from England to East India*),第17页;转引自安德森的《商业起源》第二卷,第382页。

领事支付费用。

为了理解最后一条规定，必须指出，保护国旗的问题已经引发了土耳其宫廷（the Porte）里英国和法国的大使们暴风骤雨式的激辩；以前，授予法国人的特权现在转移到英国人手中。这影响了荷兰和上述的其他国家，因为这些国家迄今并未与苏丹缔结任何商业条约。

英国大使约翰·芬奇爵士（Sir John Finch）在阿德里安堡（Adrianople）批准的同一条约中，对荷兰的羊毛布征收的税高于在英国生产的羊毛布。此外，还增加了一项令人不解的条款，即"允许每年把从士麦那、萨洛尼基等地出口的两船无花果和醋栗供应给大不列颠国王的御膳房。只要这些水果不紧缺，同样只需支付3%的关税即可"。

与此同时，这家规约公司与其最大的竞争对手——采用联合股份制的东印度公司之间的摩擦早晚要显现。1670年，黎凡特公司的人已经开始抱怨东印度公司的人从印度进口大量生丝，损害了他们的生丝进口贸易。1680年，波莱克斯芬先生（Mr. Polexfen）将此事呈交给议会。1681年，在此行动之后，他又在枢密院向国王提交了一份申诉预算。在这份文件中，黎凡特公司指出，他们向土耳其出口的英国商品每年价值约为50万英镑，作为交换，他们获得了生丝、羊毛、五倍子、格罗格兰纱、药材、棉花等。这些商品将全部在英国加工，给王国里的穷人提供面包。而东印度公司出口大量黄金白银，几乎不出口布匹，换回了印花棉布、胡椒粉、丝织品和一种假生丝。"纺织品"明显是对英国穷人的损害，生丝则绝对是对土耳其贸易的破坏。

那么遵循习惯，对比规约公司和联合股份公司，前者被描绘成玫瑰色，后者则黑色，在此也用不着重复。人们强烈要求东印度公司的人，反对他们"向印度派出捻丝工、纺织工和染色工，并且真的在那里建立起丝织厂",这一行为给国内工业带来了极其可怕的后果。这就像我们这个时代"邪恶的资本家"一样,他们开始在孟买和半岛其他地方办棉纺厂,不可避免地造就了兰开夏(Lancashire)纺织工的灭顶之灾。

对于所有这一切,还有后果相同的种种,东印度公司的人回应说,尽管他们出口的布匹相对少,却比黎凡特公司的人出口的毛织品"质地好且更值钱"。黎凡特公司的人也因出口大量金银、购买生丝而有罪,在联合股份制原则下发展起来的贸易使陛下的关税增加了一倍有余。而为了与暹罗、交趾支那、中国和日本开启商业关系,他们做了"许多慷慨的、应花钱(高代价)的、成果卓然的尝试"。但除去所有债务后他们的股票现在至少值170万英镑,而且他们的信用非常好,以致能够以3%的利率借款。自从他们进口生丝以来,英国的丝织品生产增加了四倍,而质量"与世界上所有其他商品一样——好的、坏的、一般的都有"。印度的素绸缎是世界上最结实、最耐用、最便宜的,"通常从英国再转口到国外",从而发展出盈利的运输和转运业务。关于印度花绸和条绸可能会稍微阻碍英国的产业,但与进口生丝所造成的阻碍程度不可同日而语,毕竟其产生了向印度运送染工等的费用。这是不可靠的,除了为国家也为黎凡特公司的利处,通常派往孟加拉的就那么一两个染工,特别针对纯黑素丝,通常可以再次出口。

另外,土耳其公司也申请许可进入其竞争对手的领域,至少在一定程度上可以绕过好望角,进入红海深入苏丹在非洲和阿拉伯的所有领土。但东印度公司的人踌躇满志,轻蔑地回答说,他们忍不住钦佩提议者的自信(俗称"脸皮")。然而,他们盛气凌人,强烈抗议在过去三年中渗透到印度海域的某些不被许可的船只（悬挂黎凡特旗帜），并敦促即便他们的堡垒和部队每年的花费也就十万英镑，但如果容忍入侵者，也不可能维系有钱可赚的贸易。

两家公司第一次诉诸武力可以说是一场拉锯战，无论是王室还是议会都没有采取任何决策行动。不过，国王也确实阻止了一位名叫托马斯·桑兹（Thomas Sands）的船长载着价值约5万英镑货物的一次商业冒险。经过旷日持久的审判，国王从首席大法官杰弗里斯（George Jeffreys）那里获得了一项有利于东印度公司人的裁决，以至船和货物不得不以巨额亏损卖给船主。但另一方面，入侵者不仅继续前往印度，而且还"自信"地提出宪法问题，即皇家在其规定没有由议会法案批准的情况下，是否可以通过任何专属宪章在法律上阻挠他们。作为对杰弗里斯裁决的抵制，他们获得了几位站在他们一边的首席律师的意见，而且我们已经看到了8年后的《权利宣言》是如何草率处理这些问题的！

1701年，成立于前一年的法国贸易委员会向国王提交了一份关于世界贸易的备忘录，其中饶有兴致地提到当时英国土耳其公司的事务："英国人开展贸易比法国人更有优势。他们的毛织品更好、更便宜。英国人不仅向黎凡特运送铅、锡、铜和原木，还有大量的胡椒粉，这些都是他们善销的商品。为了不耗尽本国的金银，他们还收进自己捕获的干鱼、自己殖民地的糖以及其他自己生产的货物，然后在葡萄牙、西班牙和意大利海岸以一块8里亚尔银币的价格出售。售完后他们又将其运到黎凡特，以补充足够的库存，用于采购回国的货物。"为了证实这一说法，他特别提到在1730年8月的一个月内，土耳其公司用四艘船向黎凡特运送了多达20万件粗布。

但不可避免的衰退期已经临近。过去一段时间，法国人对该公司的贸易取得了重大进展，部分原因是新兴海港马赛的地理位置更便利，更多是因为他们仔细地研究了市场及其需求。因此，他们发现更轻薄、更艳丽的羊毛织物最适合这种气候，而他们自然也能以更低税率生产大量的、更精细的英国产品。

但是《巴黎条约》（Treaty of Paris，1763年）签订后，该公司的业务迅速下滑，这主要是因为法国人能够再次将注意力转向黎凡特的和平商业活动。在战争后期，英国人控制了大洋上的海路，地中海必然在某种程度上被忽视了，而现在收复内陆水域的失地恐怕为时已晚。事情最终发展到这样一个地步，早在18世纪末之前，这家公司就濒临破产了，如果没有政府时不时提供的资金援助，它肯定已经关闭了所有工厂。因此，在1780年议会批准的物资中，有一笔1万英镑的款项被批给了"黎凡特公司"。这一次不作为它对国家提供任何特殊服务的回报，而只是为了公共福祉的预定利益让它维持下去。

现在，没有任何一个法人公司会希望通过这种外来援助维持自身的长期生存，同时，也到了打开地中海贸易的时候了。通过1816年埃克斯茅斯勋爵（Lord Exmouth）对阿尔及尔的炮轰，至少在相当长的一段时间内，地中海上的巴巴里海盗被清除。因此，也许不算不情愿，土耳其公司在1825年放弃了他们所有权利和特权。这一年标志着他们作为特许协会存在的结束。大多数特权商业协会的历史过程——特许、繁荣、贸易、激烈竞争、侵占、衰落、债务、困难、消亡——土耳其公司以一种特殊的方式经历了兴衰沉浮。

第七章
争夺印度的东印度公司
（1600—1702年）

/////

前面我们已经看到，英国人不但到达了印度，还最终开启与这一地区的贸易。当然，首先是经由陆路的路线。但是，试图通过两个强大的帝国（土耳其和波斯）的领土来维系与半岛的商业关系，看来为时尚早，而且注定徒劳无功。这是因为无休无止的战争要么发生在两大帝国之间，要么发生在与它们相邻的国家之间。其次，在西班牙（以及当时被西班牙王室吞并的葡萄牙）的海军力量因无敌舰队（the great Armada）的毁灭而削弱之前，绕行好望角的海上路线似乎更加不切实际。

但在大事件之后（1588年）[1]，政治家和政治经济学家深思熟虑的目光不可避免地转向了这个方向。在16世纪结束之前，无论国内还是国外，都已经为建立最大的特许公司扫清了道路。这家大公司于1600年成立，从那一天开始在200年的时间里，它就获取了从喜马拉雅山脉（the Himalayas）到科摩罗角（Cape Comorin）的整个地区的霸主地位。

---

[1] 指1588年英国打败西班牙无敌舰队的事件。——编者注

仿佛预感到它未来的伟大，它的基石从一开始就建立在最广泛的基础上。从1599年12月31日授予坎伯兰伯爵乔治（George, Earl of Cumberland）、215名骑士、市政官们和商人们皇家特许状的措辞中清楚地显示，"可以自行承担费用，一次或多次出航，前往属于亚洲和非洲国家和地区的东印度地区，也可到周围的岛屿。它们以伦敦与东印度贸易的总督和商人公司的名义组成的一个政治组织和法人团体，有继承权，可无限制购买土地，每年选举一名总督和24名人士，他们组成委员会，负责海上航行的方向并管理属于上述公司的所有其他事务。伦敦高级市政官托马斯·史密斯爵士（Sir Thomas Smith）为第一任总督。总督和所有委员都得宣誓效忠于王国。公司可以在15年内通过已经发现或以后将发现的陆路和海路通道，进入亚洲和非洲的国家和地区，与亚洲、非洲和美洲所有的岛屿、港口、市镇以及地方进行自由的、独家的进出口贸易。越过博纳斯佩兰萨角（Bona Speranza，好望角）到达麦哲伦海峡（Straits of Magellan）……包括所有法令、惯例、宗教或信仰的多样性，或者任何事。因此，任何与女王陛下和睦相处的基督教当权者所拥有的任何国家，都不会宣布他们反对他或他们的好感"。

因此，全球所有的海洋区域，除必要的保留以外，都已包含在该公司的特许状之中。而"无限制地购买土地"的许可和其他各种表述，似乎预示着该贸易协会将转变为一个隶属于英国王室的强大国度，公司所有董事都有义务宣誓效忠于王室。

关于东印度公司（British East India Company）首个特许状曾偶做修改。但一直持续到1708年。其中的其他条款涉及黄金的进出口，这个问题至今仍悬而未决。条款主要内容有除非在皇家海军出航的情况下，公司海军部队配备"六艘甲级船舶和六艘舰载艇，船载500名水手"；有权对无许可侵入者进行惩罚；公司有权向外人发放"到东印度进行贸易"的许可，这是非常重要的规定，在我们评估公司行为时常常视而不见；随着15年特许期的确定和续期，根据"对王室和王国"可能盈利或其他明智情况，无论何时只要认为适合"停止和终止"特许期，就允许向公司发出两年预通知。后来，这条款经历了多次修改，期满和续期的期限也从15年增加到21年。尽管该特许状于1610年永久生效，但我们在这里看到，定期性原则从一开始就得到了承认。

值得注意的是，这些规定都朝着同一方向发展。一方面是为了加强公司对抗外国竞争者的能力，并扩大其在该领域的适用范围；另一方面，使国家能够控制其行为，从而使国家直接为公司在这些遥远的东部地区的政策和行动负起责任。由此可见，女王第一次御前会议拟定的首个特许状的权利是多么明智。可以补充的是，公司最初的资本并不多，仅为72000英镑，且原始认购股份为每股50英镑。正是以这种卑微的出身，英格兰开始了扩张生涯——多少有点以代理的方式，但毫无疑问，仍然是英国——她最终将自己打造成为最强大、最伪善的东方势力。

甚至在特许状颁发之前，就已经采取措施让公司从大莫卧儿皇帝手中获得了常规的商业特权。早在1600年初，伊丽莎白的特使约翰·米尔登-霍尔（John Milden-hall）便通过陆路从君士坦丁堡前往觐见。但是，由于西班牙和葡萄牙的耶稣会教士在其朝堂上的反对，几年后这位君主才被哄着做出了一些有利英国人的让步。

与此同时，该公司开始运营。他们首先派出了第一批三艘武装货船，运载价值27000英镑的货物，但不是去印度本土，而是去印度周边岛屿。在那里，他们俘获了葡萄牙的战利品，向阿钦（Achin）和班塔姆（Bantam）的王公送去了女王的信函，并在后者土地上建立了工厂。1603年，经过了两年零七个月的航行，他们顺利地带回胡椒和香料等货物。

令人奇怪的是，甚至在伊丽莎白去世之前，人们就对这一崭露头角的贸易提出了第一个反对意见，其中涉及白银的问题。有人认为，这将耗尽英国人的白银储备。对此，有人反驳说，通过这种贸易，也可从其他国家搞到足够在印度所需用的白银。

另一个奇怪的反对意见是，除非船用铅包裹，否则船只会被蠕虫所毁。对此，有人回答说，不这样做的话船运才能在规模和效率上大大提高，因此有时会证明他们对国家的服务会比伦敦的所有其他航运更出色。

1603年公司在苏拉特（Surat）开办了印度本土的第一家工厂，在那里他们立刻遭到葡萄牙人最激烈的反对，葡萄牙人声称他们拥有在东方进行贸易的独家权利，且不排斥任何地区的自己人。但由于亚历山大六世（Alexander Ⅵ）的教皇子午线诏书，他们排斥所有基督教国家。因此，作为当时在印度以西最强大的欧洲势力，他们同时攻击英国人和荷兰人。但荷兰人很快就到达了现场，夺取了他们的船只和货物，并将其船员屠戮。

在物质利益和种族及宗教仇恨的煽动下，这些敌对行动在东部各地普遍存在。1604年，英国舰队抵达班达群岛（Banda Group）的安波沙洲（Amboyna）时，发现葡萄牙人和荷兰人正在就这些重要的香料群岛的主权进行公开战争。荷兰人最终赶走了他们的对手，但他们也从中吸取了残酷的教训。当英国人后来也试图在班达群岛站稳脚跟时，荷兰人毫不留情地将这一教训用到英国人身上。但是与安波沙洲这个名字相关的黑暗篇章是共同的历史问题，那些不愉快的记忆不必在这里重新提起。

如上所述，特许状于1610年长久生效。由于这项贸易为国家带来了利润和荣誉，并且仿佛是为了庆祝这一事件，公司现在建造了"英国有史以来最大的商船"，载重量达1100吨，并意味深长地命名为"贸增号"。

这些大船当时非常急需。因为我们看到，在当年和随后的几年里，它们不得不刚下水便在摩卡（Mocha）与土耳其人作战，并在苏拉特再战葡萄牙人。尽管拥有巨大的优势，但其中的两艘英国大舰还是击败了4艘大型帆船和26艘从果阿派来援助葡萄牙人的护卫舰，这让极度憎恨葡萄牙人的苏拉特人非常高兴。因此，英国人逐渐在印度水域获得了海上霸权，这在后来很大程度上促成了他们与法国人陆上霸权争夺战的成功。

迄今为止，公司一直是由几只独立的股票协助建立并巩固的，且每只股票都享有自己的利润，也承受自己的亏损。但1612年，这些独立的利益方被整合为一家，从此公司的事务都严格按照股份制原则进行。大约在同一时期（1613年），它的活动范围也扩大到了日本，萨里（Saris）船长带着詹姆斯一世写给日本天皇的信件和送给天皇的礼物远航，当时日本天皇住在京都（Kyōto）。萨里在朝堂上受到了隆重的接待，并获得了公司与日本贸易的许可，在他第一次登陆的平户港（Hirado）建立了一家工厂。但他对荷兰人和耶稣会教徒都有很多不满，那时这些人受到了一些大封建领主的极力支持。然而，正常贸易只持续了几年,当宗教迫害爆发后,除荷兰人外的其他欧洲人被驱逐出境。最终只有荷兰人获准在屈辱的条件下在长崎继续开办工厂。就这样,事情一直持续到日本在我们的时代向世界开放贸易。

1614年见证了葡萄牙人在印度洋上再次败北,也见证了托马斯·罗韦爵士(Sir Thomas Rowe)被任命为国王和公司驻莫卧儿的大使,从而看护我们快速增长的印度贸易的利益。这位精明强干的大臣,在伟大的阿克巴(Akbar)继任者(1605年)贾汗吉尔(Jehanghir)的朝堂上安坐了数载,让公司对帝国17世纪初的政治关系和商业关系了如指掌。当时,进口商品主要以贵重物品构成,诸如在此地的王公和贵族之间畅销的物件。其中包括花天鹅绒和锦缎、精致餐具,好的鸟枪、马鞍和马具,大马士革刀,精选画作、金银面料、金银色花雕丝绸、镶宝石的珐琅、好的英格兰和诺里奇的刺绣,溢香手套、精工阿拉斯挂毯、镜子、酒杯和望远镜(小),精工的轻质盔甲、瓷器和陶瓷器皿等。

正是这一切与交换回来的昂贵丝绸、披肩、细布、钻石、黄铜或青铜制品等联系在一起,给人留下了"印度财富"这种仍然普遍存在的惊人印象。

1620年采取了一项措施,尽管当时很少引起注意,但孕育了新的生机。在半岛的西侧,苏拉特一直是公司主要的贸易中心,直到1686—1687年迁至孟买。但苏拉特只是一个所有人都可以自由出入的海港,那里只有一家工厂,在其围墙之外没有管辖权。然而,现在他们在东侧获得了稳固的立足点,在那里他们获得了戈尔康达(Golconda)王公的许可,不仅为了定居,而且为了在科罗曼德尔海岸(the Coromandel Coast)当时默默无闻的马德拉斯帕坦镇建造后来著名的圣乔治堡（Fort St. George）。这座堡垒坐落在自己的地盘上，在一个隶属于公司的大约有10万人口的小地区，因此公司作为商业公司的同时，也变成了缩小版的一个政治国度。它的商业功能被全部贯注于政治功能的时代到来了。

就在1620年，其中的一些政治职能得到了异乎寻常的有力执行。公司的出航船队不仅与葡萄牙人再次交锋，还斩获许多战利品，但是，正如编年史者说的那样："他们发现自己似乎不得不掌控一些莫卧儿人拥有的被称为'帆船（junks）'的船，还有一些德干国王的船，他们曾不善待我们的国人。"

继他们战胜葡萄牙人之后，又与波斯阿巴斯大帝（Shah Abbas）结盟，后者建立了阿巴斯港（Bandar Abbas Port of Abbas），以期开发其王国的海军资源。但目前结盟的目标是光复忽鲁谟斯，这是又被称为霍尔木兹的城市和岛屿。其长期以来一直被葡萄牙人霸占，这让波斯君主大为恼火。这一愿望现在得到了英国的帮助，作为对这一大功的回报，英国人得到了一半的战利品，除了各种特权，还留下来驻守忽鲁谟斯城堡，并享有冈布龙（Gombrun）一半的关税。而忽鲁谟斯的贸易已经转移到冈布龙了。这些好处享受了大约半个世纪，据计算每年价值约4万英镑。此外，还有公司当时作为印度洋上日益崛起的海军力量所获得的声威。葡萄牙人被驱逐出忽鲁谟斯后，不愿失去对波斯湾及其采珠业的控制，占据了在入口处对面（阿拉伯半岛）的马斯喀特（Mascat），最终被阿曼苏丹从那里赶走。

在这些事务处理（1623年）之后不久，公司作为一个政治势力的地位，一个帝国中的帝国，可以说已经得到了詹姆斯国王的正式承认。为了更好地管理他们的印度属地，他们授权其主席和董事会通过军事法或普通法惩办所有在印度本土犯罪的死刑犯或其他罪犯,被告在所有案件中都有权由12人组成的陪审团进行审判。对于在公海船舶上犯下的罪行,他们显然已经被授予类似的权力。

从马林斯(Malyns)在其《商业圈的中心》中给出的印度和英国附加价格表可以推断出,该公司目前在东方农产品领域的业务非常繁荣。

表5　印度与英国的附加价格表

	成本价 (在印度) 每磅	销售价 (在英国) 每磅
辣椒	2便士	1先令8便士
丁香	9便士	5先令
肉豆蔻	4便士	3先令
肉豆蔻干皮	8便士	6先令
靛蓝	1先令2便士	5先令
生丝	8先令	20先令

这张表中没有提到肉桂,因为葡萄牙人仍然是锡兰(今斯里兰卡)的主人,垄断了这种商品,因此只能从里斯本(Lisbon)采购。

忽鲁谟斯事件现在引发了一个奇怪的事件,这给当时的公共道德带来了一些骇人听闻的启示。1624年,当公司的船队即将启航前往东方时,白金汉公爵勒索1万英镑的起锚许可费——他当时是英国的海军舰队司令勋爵(Lord High Admiral of England)。1626年的弹劾条款中包含了这一专横的事项,公爵在辩护中极力为自己开脱,称公司从葡萄牙人那里获得了许多值钱的战利品,尤其是在忽鲁谟斯,其中很大一部分战利品在法律上应归属国王，同时也应归属他海军舰队司令勋爵本人。此外，所说的1万英镑真的是"因祸得福"，因为公司已按该金额复利计算，而不是法律强制他们支付的1.5万英镑。而且除200英镑外，上述项目全部由国王申请为海军服务。当然，王室和海军舰队司令都没有合法的权利要求分享公司的战利品，而且由于公司在印度海域保持着重型武备，为了维系在国内的皇家海军而敲公司的竹杠，这似乎有些不合理。

上天是不会允许托马斯·赫伯特爵士（Sir Thomas Herbert）声名卓著的探险仅仅成为一段历史的。他是英国众多脱颖而出的知名人士之一。1626年，他率领一支由六艘船舰组成的无畏舰队，肩负着一个略有点漫游性质的使命前往东印度地区。同他一起在波斯旅行的两位英国使节罗伯特·谢利爵士（Sir Robert Shirley）和杜德莫尔·科顿爵士（Sir Dudmore Cotton）都死在卡斯宾，他从那里经陆路返回英格兰。赫伯特对他在东方四年游历的记述，读起来仍然令人心旷神怡且受益匪浅。

1631年英国发布了一项皇家公告，限制公司自己船上的军官和水手在东印度地区过度的私人进出口贸易。该公告开出了一份从印度进出口的商品清单。由此看来，公司自身与东方的专属交易开始受到限制。

在这些进口商品中，出现了一些千奇百怪的物品，像油甘子、牛黄石、鸡血石、索科特拉芦荟、艾草种子和各种各样的瓷器。在英语拼写还处于从混乱过渡到相对有序的状态那个年代，Purlane便是瓷器（porcelain）的一种古怪的拼写方式。Worm-seeds是艾草种子（wormwood-seeds）的简称，是一种驱蛔蒿（Artemisia maritima）

的种子，在印度仍被用作健胃药。我们现在称为索科特拉芦荟（Aloe socotrina），它从孟买进口，由索科特拉岛的出产，从那里得名。但现在要从孟买进口。blood-stone是指鸡血石，它是石英的一种，之所以这么叫是由于小的碧玉状红点从其中间通体散开来。更有趣的是婆娑石（bezoar-stone），是一种常见的广谱解毒剂，它有十分神奇的功效。结果自然而然地卖到了金价的十倍，实际上它毫无价值。它只是一种抗毒素而已，特指波斯野山羊偶尔分泌的未消化的食物球。通俗地说，它被认为具有此种和其他的、物理的和精神上的疗效。正如齐灵渥斯（Chillingworth）所言："优雅治愈且具有牛黄的疗效。"

此后不久（1635年），查理一世出于十分卑鄙的动机，用一种连他最忠实的支持者都无法接受的方式介入了公司事务。此前一年，英格兰和西班牙之间的和平共处一度成为主流，葡萄牙仍然与西班牙保持一致，他们的一些船只在果阿停泊，受到礼遇，不仅与该地实现了自由贸易，还与葡萄牙人定居的中国和印度的所有其他港口实现了贸易自由。

于是，查理成立了一个竞争性协会，目的是占据这块新地盘，当然也包括日本和其他地区，而所有这些都包括在伊丽莎白的特许状中。他的借口是，东印度公司"既没有像朕预期的那样在这些地区拓殖也没有做成贸易，也没有建造诸如此类的防御工事和安全场所，以鼓励今后的人到那里去冒险；我也没有像其他君主那样从那里获得任何年度收益，因为该公司忽视了为子孙后代的利益而巩固防御，主要是由于该公司得过且过地忽视新发现，造成我们从印度进口的海关关税每天都在减少。因此，迄今为止所有向北通往东印度的努力最终证明都是功败垂成的。然而，我相信这从日本的情况就可能表现出来，所以，我特许成立一个新的公司，部分是为了这个目的，部分是出于对印度、中国、日本或其他地方的一般贸易目的，老公司不要在他们所称的东印度商业中横加骚扰"。

1637年，新公司的特权被确认为五年，当时显示在创始人和股东（W. 库尔滕爵士、保罗·品达爵士、约翰·韦德尔上尉等）中还有国王本人和他的寝宫中的男仆恩狄弥翁·波特（Endymion Porter）。于是真正的动机出现了，上面列举了那些看似合理的借口和说法，且被打上了"卑鄙无耻，不配为伟大君王"的烙印。

但该项目没有成功，新公司的两艘价值151600英镑的货船，于1640年被荷兰人俘获。同年，荷兰人捣毁了他们在印度的两家工厂。不久，相同的命运落在了他们在马达加斯加的殖民之中，但下手的是老公司，他们自然而然地将其视为入侵者，而且在内战期间，他们在如此遥远的距离上大可不受王命。

由此可见，东印度公司的印度贸易多年来一直处于举步维艰的状态，部分原因是国王的这种肆意干涉，但更重要的是荷兰东印度公司的实力和侵略性不断增强，但老公司仍旧精力十足，竟在1651年占领了圣赫勒拿岛（St. Helena）。由于目前仍然流行关于这块历史悠久的大西洋岛礁的一些错误说法，因此在这里简要介绍一下它与该公司的关系等细节算是恰逢其便。

1501年，葡萄牙人发现了该岛，他们在岛上饲养了猪、家禽等，还种植了柠檬、橙子、无花果和其他果树，供他们往返的船只使用。几年后，他们将其完全放弃了，因为葡萄牙人在非洲大陆建立了数不清的驻地以后，就再也用不着它了。

该岛随后被荷兰人占领，1651年荷兰人又放弃了该岛。当时荷兰人在赞·范·里贝克（Jan Anthon van Riebeck）率领下在好望角首开殖民点。于是，英国的东印度公司接手了这块岛礁，作为他们在这些南大洋中唯一可用的补给站。1661年，他们的所有权得到了新延期的特许状的充分承认，甚至允许他们在岛上修建防御工事。但它于1665年被荷兰人强占，在1672年两度易手后，最终在1673年再次被英国人夺回，当时它被授权归属英国王室。同年，在公司的所有特许权终止之后，再度授权归属王室。

此后不久的1654年4月5日，共和政体（the Commonwealth）[1]与荷兰签订了和平条约，英国东印度公司和荷兰东印度公司之间长期悬而未决的各种其他事项也得到了解决。但历史上仍经常提到荷兰人在东部地区对英国人的持续侵略行动，尽管荷兰人无疑更接近挑衅方，但双方都大手笔地打个你来我往。

英国公司在1611—1652年间的损失与伤害，累计要求索赔金额2699990英镑另15先令，不过他们立刻遭遇到荷兰方面提出了反索赔达到2918611英镑另3先令6便士。但是，由于荷兰人同意向英国公司支付85000英镑，让他们重掌波伦岛（island of Poleron），并向安博伊纳（Amboyna）受难者的遗属支付3625英镑的抚恤金，这件事最终得以协调清楚，并彻底消除了影响。这些都是非常温和的措辞，尤其是考虑到当时克伦威尔一直拿捏着荷兰人，并迫使他们降旗投降，承认"大不列颠统治着海洋（Britannia ruled the waves）"。

正是在这种情况下，另一桩争端的由头关系到1652年荷兰人在丹麦境内扣押一些英国船只和货物，也是由每个共和国的各出两名仲裁员进行协调，他们为此在伦敦的金匠大厅（Goldsmiths Hall）会面。

---

1 指英吉利共和国时期（1649—1660年）。——编者注

"在不顾及和不涉及任何一个国家的情况下，对此事进行协调，若他们在1664年8月1日之前未就判决达成一致，上述仲裁员应自那天起自行关入一个房间，不得用火、蜡烛、肉、饮料或任何其他茶点，直到他们就提交给他们的事宜达成一致协议为止"。

安德森评论道："这也许是有史以来两个独立国家之间做出的最奇特规定。"

无论如何，这是有效的，在这些明显很紧迫的情形下，对荷兰人的赔偿被最终裁定为97973英镑。也正是在这个情形下，荷兰人赢得了他们的历史声誉，成为一个还未索取就获得赔偿的国家。

尽管克伦威尔已经准备好为公司的主张辩护，并保护其免受外国侵略，但他本质上不算公司的朋友。事实上，就在荷兰条约签订后的第二年，克伦威尔实际上已废除了他们的特许状，并以各种方式支持并鼓励"入侵者"，如果不是真的宣布东印度地区的航行和商业是自由的，对所有英国人开放的话，这一点似乎让人心存疑虑。但可以肯定的是，无论如何还是有大批私人冒险家在1653—1656年间涌入东方海域，陷入了水深火热的竞争之中。正如塞缪尔·兰姆所言，其结果是"英国商品价格大幅下降，印度商品价格大幅上涨，给总督等的礼物（贿赂）增加，达到了非常令人憎恶的程度。最终，那些没有联合或不受保护的私人贸易商自己反倒成了要求归还联合股份的最积极请愿者"[1]。

克伦威尔的行动以最实际的方式触及了自由贸易还是专属贸易的问题，关于这个问题只能有一种意见，重归专属贸易。在与荷兰人和

---

[1] 《鼓励对外贸易的季节性观察》1657年，为安德森所引用，第二卷，第586页。

平相处的那些年里,开放体系下的贸易出现了短暂复苏,这是千真万确的。但这一切并没有持续太久,而且毫无疑问,私人冒险家最终在三四年的时间里成为失败者,原因是他们无法单枪匹马地对抗海盗的袭击,还有葡萄牙人和其他眼红的对手在印度君主的朝堂里的阴招。

但这个问题几乎不值得讨论。克伦威尔本人很快便发现了自己的错误,发现英国商业和影响力在这些东部地区即将崩溃。因此,他于1657年紧急恢复了公司的所有权利和特权。由此,公司以73982英镑的联合股份重新成立,其中独立的贸易商无疑很乐意入股,从而复苏他们日渐衰微的财富。

其实,在这些麻烦以外还发生了著名的斯金纳(Skinner)事件,它在王政复辟(Restoration)后不久曾引起一片哗然。有一段时间,上议院和下议院甚至争执不休。托马斯·斯金纳(Thomas Skinner),一个私人冒险家,在公司特许状延期后仍然坚持独立经营,他的船、货物和其他财物于1655年被没收,甚至连请求回家的路费都被拒绝了,他勉强从陆路返回了英国。他在这里成了一个负屈含冤的人,在多年向国王上诉无果以后,最终向上议院请愿要求赔偿。

随后公司被要求应诉,为自己的专属权利进行陈情辩护,并对贵族院(the Peers)的管辖权提出抗辩。甚至在1667年案件开庭听证时向下议院请愿起诉他们。随即贵族院判给斯金纳5000英镑的损害赔偿金,而不是交付到北高塔里的下议院来判。事实上,斯金纳从来没有获得任何赔偿。然而,他满意于将自己的案件上升到宪法问题的尊严上来,议会就此问题休会不下七次。这场争吵甚至在1670年的会期上再次爆发,当时国王费尽心机谋划得环环相扣(tantas componerc lites),诱导两院抹去所有决议并放弃这个问题。

第七章 争夺印度的东印度公司（1600—1702年）

与此同时，为了稳妥起见，按照伊丽莎白和斯图亚特王朝最早的两位君主特许状授予的原则，公司于1661年获得了新的特许状。特许状通过附加条款，确保公司绝对拥有东印度群岛的所有种植园、土地、堡垒、工厂等。他们还被授予任命总督和法官的权力，在民事和刑事事务中对其管辖下的所有人拥有管理权。然后是最重要的条款，即授权他们"在自己的范围内与任何非基督教的君主或民族开战或媾和，只要是有利于贸易，并可能通过货物、财产或伤害他们的人进行自我补偿，就可无须汇报直接去做"。不过，有一项特殊规定，如果此后国王或其继任者们认为王室或王国无利可图，则在王室以每期三年为限通知撤销特许状。

就这样，公司俨然成了一个主权国家，只需服从英国王室的最高权力。

这些扩大特权的第一个结果是获得了孟买的港口和岛屿，该港口和岛屿已被葡萄牙的阿尔方索六世（Alphonso Ⅵ）转让给查理，作为其妹妹凯瑟琳公主的嫁妆的一部分。1668年，查理以每年10英镑的租金将其永久授给了该公司。

国王曾试图将这个地方变成皇家领地的一部分，但他很快发现不值得，因为这会使他的士兵和水手与公司的代理和当地人发生冲突，因此他很乐意按照这些条款交给公司管理。就此以和平的方式获取了这两个地方，它们长期以来一直是公司在东西海岸的贸易经营中心，后来又分别成为马德拉斯（Madras）和孟买辖区的邦首府。由于其更加便利的位置，孟买已经远远超过了它的东部竞争对手，目前是世界上主要的商业中心之一，人口（1891年）超过82万。

波伦岛是班达群岛中的一个岛屿，以其香料，特别是丁香和肉豆蔻闻名,在英国和荷兰在争夺马来西亚的战争史上占据很大篇幅。但目前在地图上没有以这个名字命名的岛屿。它是马来普洛罗恩岛(Run)—岚屿(Run)的一种奇怪的拼法变体。这个小岛位于大班达以西约15英里处,在此之前曾多次易主。但它最终于1664年被荷兰人占领。此后,英国人在东列岛(Eastern Archipelago)上什么也没有,直到很晚的一段时间,才占领爪哇的班塔姆(Bantam,1682年丢失)和本库伦(Benkulen),以及苏门答腊的其他几个据点。1685年,本库伦开始作为胡椒贸易中转站。1824年,为了换取马六甲,又将其割让给荷兰。英国目前在东列岛(纳闽、沙捞越、北婆罗洲)的属地是19世纪得来的,然而东印度公司对此并不以为意。

尽管他们被驱逐出摩鹿加群岛,几乎失去了所有的香料贸易,但该公司依旧继续发展他们的普通贸易。据约西亚·柴尔德爵士(Sir Josiah Child)所称,他们大约于1670年便雇佣"35—40艘王国最善战的商船,每艘船上配有60—100名水手。他们每年进口胡椒、靛蓝、木樨和几种有益的药物(但愿约西亚爵士没有将牛黄石包括在他的'有益的药物'中),每年价值达15万—18万英镑。除此之外,其他商品的年价值为20万或30万英镑。而这些出口的货物,确实是在国外生产的,然后运回英国,价格是公司从英国出口到印度的各种商品的6倍"。因此,我们得出的结论是,"虽然东印度公司的进口大大超过了其对我们的制成品的出口,但由于上述原因,这显然是一种对国家有利的贸易"[1]。

尽管如此,当时许多聪明绝顶的政治经济学者(亚当·斯密还没

---

[1] 引述同前。

第七章　争夺印度的东印度公司（1600—1702年）

有出生）继续叫嚣着反对这种以战养商的东印度贸易，但此贸易无疑使英国富裕了起来，同时也大大加强了英国在东方海域的海军实力和影响力。他们诟病它的主要理由有两方面。第一，有人认为"印度制造"的成品充斥全国，对英国本土的工业造成了极大损害。对此的答案是，这不单单是一个交易的问题，也是一个运输业务和大量印度货物转口到国外的利润的问题。

第二个被诟病的，正如乔西亚·柴尔德爵士所认为的一样，这些利润远超了足以弥补平衡印度市场我们所需金银的外流。每年向印度出口的黄金数量，据称现在大大超过了以前年平均的4万英镑，事实上这还仅是金银储备。在当时和在很久以后，人们一直试图证明，如果印度市场完全关闭，我们会变得更好。但是，逻辑推理并不是以这种僵硬的方式得出的。因此，那些哲学家也许没有清楚地看到这一荒谬的做法（rednctio ad absurdum），他们远非希望看到印度市场关闭，而是真正希望它向所有英国国民敞开大门。事实上，他们瞄准的目标不是印度贸易本身，而是该公司的独家贸易，只是目前的战斗正在使用不同的武器。

这一点在几年后（1676年）便彰显出来，当时查理二世授予一项新专利，确认他以前的所有让步"不管有任何误用、不用或滥用他们以前的权利、自由等"。之所以采取这一行动，是因为查理希望以最强烈的方式向公司反对者重申王室的优先权，这些反对者现在以宪法为由反对他们的特权。

关于黄金的流通问题，在一本匿名作者写的，名为《东印度贸易中最赚钱的商品》的小册子（1677年）中评论道："就算我们拥有全世界所有的金银，可是你守财不去使用，那么它既不会扩大我们的贸易，也不会带给我们更为强大的力量和更具威慑的权力"。关于印度的进口贸易，乔赛亚·柴尔德爵士指出："我们真正的利益是在印度贱买，在欧洲贵卖。"

与此同时，该公司非但没有被"推翻和消灭"，反而迅速扩大了经营范围。于是，1680年首次提到"南海[1]和中国"，而且当年便派出了两艘吨位分别为430吨和350吨的船舰；1681年，"一艘巨舰前往南海和中国"。要铭记的是，所有这些大陆和海洋贸易都被纳入了伊丽莎白的特许状的范围之内，从而奠定了以英国在太平洋以及全球其他通航海域处于至高无上地位的商业关系。这一次"活资（quick stock）"，也就是交易资本，东印度公司的股票，英国超过了它唯一的竞争对手荷兰东印度公司股票，尽管"后者的股票以450%的价格出售，而我们的销售价格不超过300%"。

社会的某些部分，无论是基于这一点还是其他原因，一直在抱怨不停。正如我们所看到的那样，当黎凡特人被抱怨他们进口生丝时，伦敦的丝织工会向下议院（1680年）请愿，反对其从事印度丝织品和其他各种织物的贸易。现在读一下议会议员的演讲也很搞笑，比如普列斯芬（Polexfen）先生，他希望通过禁止东印度丝绸普遍穿着奢侈的法案。对此，他抱怨道："孟加拉等地……目前我们在这些东印度制成品中的年消费额达到30万英镑，包括用于服装、床、帷幔等的印花和彩绘印花布。公司每年出口的金银从20万英镑增至60万英镑。其贸易额现已增至全国贸易总额的近四分之一。"所以有人控诉公司，说公司的生意兴隆，而其他人的生意则半死不活，这可能是由于公司

---

[1] 此处的南海指的是整个太平洋。——编者注

第七章　争夺印度的东印度公司（1600—1702 年）

的过错，也可能是因为他们不走运。

"国家的集体智慧"对此类指控装聋作哑，并拒绝检查日益完善的措施，以便将贸易转移到其他渠道，这也不足为奇。虽然议会没有采取任何行动，但查理轻易地被说服，以第五份特许状（1683年）来进一步保护他们免受入侵者的侵扰。在第五份宪章中，公司被作为一个主权国家授予了更大的权力：即允许他们组建、训练和集结他们认为必要的军队，在他们的堡垒、工厂等处实行戒严。也就是在他们的属地范围内已像是一个国家。

在这份特许状中，入侵者与公司属地的因果关系可能不仅仅是巧合。无论如何，事件目前尚未解决。这部分由于独立贸易商的行动，最终的问题是公司的势力范围大幅增加。正因公司已可以直接插手印度当地事务，公司在1685年与莫卧儿帝国首次发生直接冲突。这场争执的明面上的原因是在冲突期间，当地人在胡格利河（Hugli，恒河下游的主要支流）杀死了公司的一些人。其真实原因是莫卧儿帝国的省督们和附属国王公们破坏了与公司的所有约定和协议，剥夺了他们的豁免权，甚至从他们的代理人那里勒索大笔钱财。

特别值得注意的是，敌对行动爆发后，詹姆斯一世立即向印度派去了一艘军舰，以支持公司的行动：抓捕所有入侵者，又命令所有忠诚的英国臣民前往公司属地并服从其管辖。那一年（1686年），继这项政策之后，他又颁布了另一份王室特许状（自复辟以来的第六份），最大限度地批准了之前的所有特许权，理由是印度贸易"难以为了国家利益而维持，只能由一家普通股份公司来维持，松散的普通贸易将是全盘皆毁。

国王"进一步了解到，许多印度本土的君主和省督……最近'侵犯'了公司的许多特权,如突袭他们的雇员、船只和货物;围困了他们的工厂;侵犯了他们的许可权等。因此,国王授予公司全权,可随时任命海军上将、海军中将、海军少将、舰长等,他们可以为船上招募海员和士兵,可以扣押所有入侵者等;也可向那些会损害公司的印度君主开战。在与任何印度地区部族等公开敌对的时候,他们可以在好望角的另一侧,以船舰实施军事管制。公司还可在其堡垒中铸造通常只由那些国家的君主才可铸造的任何种类的货币"等。

于是我们看到,当公司与莫卧儿皇帝及其附庸国王公们进行第一次战争时,英国王室不仅厚颜无耻地抓住机会最大程度扩大公司的主权权力,而且还通过派遣一艘战舰来配合这场战争。

在1689年的一份贸易报告中,公司特别提及这件事,称此为"与莫卧儿皇帝的一场最成功战争"。此战"使其给出合理的条件,君主们以自己的诏书(phirmaund)[1]加以确认,并由强大的孟买卫戍部队保卫"。这里没提加尔各答,但就在这一年,他们从胡格利搬到了这个地方,胡格利就是以恒河支流胡格利河来命名的,在那里他们曾首次在下孟加拉建了一家工厂。

在加尔各答,公司在一块地上修建了一座名为威廉堡(Fort William)的堡垒,这块土地后来(1700年)以购买获得,或者可能是作为奥朗则布(Aurengzib)孙子阿齐姆(Azim)的礼物,其中包括查塔纳提(Chattanatti)、古文普村(Govindpor)和加尔各答三个村庄。

---

[1] 正式写法为"firman",是指任何形式的诏书、公告或法令,最后的 d 是伦敦口音,就像当地人说 drownd 而不是 drown,说 sound 而不是 soun,这个词的原始形式,来自法语 son(拉丁文 sonus)。——译者注

在胡格利，尽管荷兰人和法国人在不同时期都建有堡垒，但英国很久以后才有堡垒，此处是莫卧儿的海关，对恒河下游的船只征收税费。

在威廉和玛丽统治时期，反对者曾多次试图令王室解散这家"该死的"公司，如1692年，议会向王室提交了一份报告，恳请在法律要求通知发出的三年后，可以结束他们的所有特权。但唯一的结果竟然是三个新的特许状，主要是为了规范他们的内部事务，因此被称为规约特许状。然而，1694年，公司又因腐败行为而遭到强烈抗议，因此下议院被诱使对这些指控进行调查。随后，似乎花费了超过8万英镑用于"秘密服务"，该"秘密服务"即获得了三份特许状，用于收买入侵者，以及类似目的。毫无疑问，当时进行了大量的股票交易，一些交易可能被描述为对"巴拿马丑闻（Panama scandals）"的苍白征兆。最终结果就是其中几位董事在1695年被下议院判处去了伦敦塔。

由于这些事情被披露，对公司的反对意见自然更深，不过该公司在国外开设了新的分支机构，但在国内则几近被连根拔起。1697年，他们的宿敌伦敦丝织工再次大声疾呼，他们仍然不满于大量进口的丝绸、印花布和其他印度制成品，供各种各样的人穿着。他们鼓励反对东印度公司，且一直准备发起争端。在大街上许多人聚集在一起，甚至多次企图闯入东印度公司大厦掠夺其中的财物。这一系列的骚乱一直无法平定，随后又发生了一场激烈的"传单战"，双方互相抨击，直到他们的精力或公众的耐心被耗尽。

但意见仍然存在分歧，不可调和的力量再次强大到足以使立法机构对这些争论感兴趣，且这一次并非没有结果。起初，这个问题就认定了敌对的利益方会毫不掩饰地以竞相飙价来争取议会的支持。因此，为了令公司存续下去，公司于1698年提出以4%的利率预付70万英镑用于公共服务（财政部因后期与法国的战争而有点伤了元气），前提是保障他们与印度的专属贸易。随即，塞缪尔·塞弗德（Samuel Shepherd）先生和其他人共同提议以8%的利率预付200万英镑，以换取向其转让印度专属贸易的特许权。[1]

即使在当时，这种对竞争性独家特许权的要求也一定会被认为有些令人震惊，因为请愿者不仅是公开贸易的拥护者，而且他们已经以废除印度垄断的时机业已到来为由反对该公司。而且，他们在众议院的律师申辩说："在某些股份交易尚处于初始阶段时，其专利已被允许用于交易结算，直到第一批冒险家获得了一些合理的费用和风险补偿。而此后，当这种贸易发展到相当的程度时，国家的智慧一直或者通常认为，为王国开辟一条从中获得普遍利益的道路是合适的。"

自那以后，讨论就常常演变成为一个党派之间的问题：托利党支持公司，而辉格党则支持这些不合逻辑的候补者垄断自己的利益。但在200万英镑的加持下，辉格党的论点最终占了上风。1698年，议会通过了一项法案，允许建立一个新的特权公司，名为"东印度群岛贸易商总协会"（General Society of Traders to the East Indies）。他们甚至被授权立即开始运营，当老公司的权力被剥夺之前，在法律上他们有权提前三年发出通知。然而，增加了一项条款，无论是有意还是大意，凭此条款"持有本文件股份的公司可以按其股份比例进行交易"。

---

1 安德森给出的这8%可能是印刷错误，实际应为3%。

利用这一条款，老公司从200万英镑的新股中拿走了31.5万英镑，令所有人惊讶的是，新股票在两天内就全部认购完毕。由于老公司也被授权继续经营到1701年，也就是说现在在上述明确规定的三年期限内，出现了一种几乎不可能的情况，小册子作者把这种情况描述为"一个奇怪的不一致、自相矛盾和重重困难的混合体，除非他们铁了心有意为老公司卖命，否则难以解释有判断力的人怎会有如此的行为"。

在此，我要特别提醒大家注意，"三年前一家公司可以解散，一家新的公司成立，有权开始即刻贸易，却直到三年后他们才可行使权利"。这是多么不合理！此外，"旧公司被允许认购相当大一部分新资本，从而使它们能够与新公司分开交易。实际上，除了独立的贸易商以外，新公司还同时成立了两家竞争公司，而这些贸易商仍继续各行其是"。

很快，在1700年之后，另一项法令被通过，该法令旨在彻底消灭印度贸易，以维护本国工业的假定利益。

通过禁止使用所有印度、波斯或中国的丝绸和印花布，"这些丝绸和印花织物将被封在海关专员指定的仓库中，直到再出口（实际上是保税的），所以上述货物均不得用于穿着或用于服装和家具。如果用于上述用途将在英格兰被没收，并对拥有或出售其中任何货物的人处以200英镑的罚款"。

鉴于越来越乱的争端，1702年7月，安妮女王与这两家公司签订了所谓的三方契约，通过公平地重新调整两家联合公司的股票，使印度贸易得以持续七年。和平最终实现了，这一时期之后，发生了更彻底的一个融合，旧公司从他们在利德贺街（Leaden-hall Street）的办事处和仓库搬迁到位于道盖特山（Dowgate Hill）的斯金纳斯大厅（Skinners' Hall，靠近现在的坎农街火车站）的新办公场所。与此同时，他们还安排了放弃他们的旧特许状，公司此后称为英格兰向东印度贸易的商人联合公司（United Company of Merchants of England trading to the East Indies）。

第八章
"该死"的东印度公司
（1702—1858年）

/////

我认为，详细介绍东印度公司百年生涯的前半段，即便冒着乏味的风险，想来也是可取的。这一时期常被印度史学家所忽视，或非常概括地一笔带过，没有向读者传达关于东印度公司早期的成长和发展。

英国在印度的大量殖民地是18世纪中叶之后才强行占领的。在那之前，公司的精力主要放在与葡萄牙人和荷兰人的较量上，当然还包括掌控海洋的霸权。这在后来称霸东印度地区与法国人更严重的冲突中证明是至关重要的。正是法国人的"侵略行径"，迫使该公司在自卫反击中成为拥有大片地盘的巨头。

1708年，两家公司按照1702年协议的规定合并，向公共基金追加了120万英镑，因此投资的全部资本现在为320万英镑，合并比例为5%。这是英国金融史上首批应用该原则的实例之一。后来该原则被广泛采用，成效卓著，并从中发展出目前的统一基金系统，因此称为"统一公债（Consols）"。作为对这项服务的回报，合并后的公司获得了长达14年半的独家印度贸易延期。也就是说，根据1698年的法律，这些债券应于1711年后依据三年公告赎回，同时还要偿还本金和利息。但现在它们的赎回推延到了1726年天使报喜节后。

表6 英国东印度公司与荷兰东印度公司每年输出到欧洲的纺织品数

（单位为件）

年份	英国东印度公司				荷兰东印度公司	总计
	孟加拉	马德拉斯	孟买	合计	合计	
1665—1669	7,041	37,078	95,558	139,677	126,572	266,249
1670—1674	46,510	169,052	294,959	510,521	257,918	768,439
1675—1679	66,764	193,303	309,480	569,547	127,459	697,006
1680—1684	107,669	408,032	452,083	967,784	283,456	1,251,240
1685—1689	169,595	244,065	200,766	614,426	316,167	930,593
1690—1694	59,390	23,011	89,486	171,887	156,891	328,778
1695—1699	130,910	107,909	148,704	387,523	364,613	752,136
1700—1704	197,012	104,939	296,027	597,978	310,611	908,589
1705—1709	70,594	99,038	34,382	204,014	294,886	498,900
1710—1714	260,318	150,042	164,742	575,102	372,601	947,703
1715—1719	251,585	20,049	582,108	534,188	435,923	970,111
1720—1724	341,925	269,653	184,715	796,293	475,752	1,272,045
1725—1729	558,850	142,500	119,962	821,312	399,477	1,220,789
1730—1734	583,707	86,606	57,503	727,816	241,070	968,886
1735—1739	580,458	137,233	66,981	784,672	315,543	1,100,215
1740—1744	619,309	98,252	295,139	812,700	288,050	1,100,750
1745—1749	479,593	144,553	60,042	684,188	262,261	946,449
1750—1754	406,706	169,892	55,576	632,174	532,865	1,165,039
1755—1759	307,776	106,646	55,770	470,192	321,251	791,443

他们专属贸易的这种扩张引来的是普遍反对特权的抗议声浪。纷至沓来的请愿书让议会立法会应接不暇，敦促它开放印度贸易，或者至少允许布里斯托尔、赫尔、利物浦和其他大型或新兴的商业城镇按比例分享这一有利可图的贸易。伦敦被视为垄断了此项贸易，这是独立冒险家的错觉。重要的一点被忽略了，那就是印度股票是可以转让的，即每个英国国民都可以按其当前市价自由购买其中的股票。尽管目前股息由英格兰银行（the Bank of England）分配，但现在没有人妄想认为伦敦金融中心垄断了公共资金。

因此，即使他们的基金股票按上述规定赎回，那么给写请愿书的人的唯一答复只是在1712年制定的一项专门为防止公司解散而延长公司豁免权的议会法案，这也许就没什么让人大惊小怪的了。这项优惠的准予是"根据所述公司恭顺的请愿书，也为可以更好地鼓励公司及其继任者们继续从事其贸易，亦是为大不列颠民族的利益支持和维护做此长久的解决"。

此条款可以被认为是赋予公司具有永久性，而这种永久性本应在1748年废止。但事实并非如此，因为恰恰是在1712年的这部法案中，增加了一项规定"任何时候依据1733年天使报喜节后的三年公告，且赎回所述款项320万英镑，以及所述的按股票5%计息的16万英镑的年度基金之后，则上述义务和基金应完全停止并终结；并补充"公司应遵守当前生效的前法案和章程的限制、契约和协议"。结果，王政复辟后颁布的所有特许状的三年公告条款均在此被搁置。

颇为耐人寻味的是，人们注意到大约在这个时候（1720年），据测算该公司在1711—1719年间向印度出口的银锭总价值为386000英镑，年化收益达到420667英镑。但是，由于之前所述的原因，英国并没有因为"资金外流"而变得贫穷，反而变得富裕起来了。就在这一年（1720年），该公司320万英镑的股票在"交易所"按445%进行了报价。不过，可以肯定的是，这只金融摆锤就在那时近乎疯狂地在整个南海大起大落，还有另外几只股震荡幅度同样疯狂，但不是那么臭名昭著。

更耐人寻味的是对1726年的记载。当时印度半岛的"三方"基点首次同时出现在人们的视野中。在乔治一世（George I）于当年颁布的新宪章中，全权授予了马德拉斯的圣乔治堡、孟买和加尔各答的威廉堡（Fort William）的市长和高级市政官建立公司的权利，且永享继承权，有权制定内部章程，审判民事和刑事案件，仅叛国罪除外。

在此期间，公司的年销售额（进口）据测算超过220英镑，而整个贸易显示每年为英国带来80万英镑的收入。据估计，1602—1726年间，从整个欧洲输入到印度的白银，总价达1.5亿英镑。而印度因为用各种产品换回了大量没有用的金银，社会反而彻底崩溃了。从此，印度被绑在了英国的战船上，成为英国的殖民地足足有两个世纪之久。

很快，公司又发现了新的贸易方向，即他们的业务领域通过茶叶的引进在远东得到了长足的发展。茶叶这种商品，就其渊源，第一次出现在欧洲大约是在16世纪末，当时它被当成了一种草药，中国人则把它榨成一种精致的汁液代替葡萄酒饮用；它还能维护人们的健康，并使人们免于酗酒衍生的负罪感（波特罗，Botero）。此后不久，它被荷兰人引入英国，价格从每磅6英镑到10英镑不等，但奇怪的是在1660年之前的任何议会法案中都没有提及它。据说，东印度公司为了向查理二世展示一下，特意买了2磅2盎司的茶叶，这在当时非常罕见。

公司的第一批进口量不到5000磅，而且每磅茶叶需要缴纳4先令的关税。但到了18世纪的上半叶，它还是成了上流社会的必需品。以至于50年后（就在他们获得新租约的那一年），他们的四艘从事中国贸易的船只抵达泰晤士河时，载着足有170万磅的茶，但这勉强能满足需求。在1745年通过的一项法案中有这样一条：假设公司未能"在任何时候以合理的价格向伦敦市场供应足够数量的茶，以响应英国的消费需求"。人们可以认为，达到"合理价格"的最快方法是降低关税，但我们的立法者似乎花了100多年的时间才发现这一显而易见的事实。

作为按3%的利率再次预付100万英镑的报酬，公司从议会获得了将其独家特权再延长 14 年的权利。在这种情况下，议会还规定，在偿还其资本本金和延期利息后，他们的独家贸易也应停止。在此期间，他们还可以像以前一样、像国王的所有其他臣民一样，继续作为法人团体进行贸易。此时，也就是在重大事件即将发生的前夕，公司在公共基金中的总额达420万英镑，其中有按4%计入的320万英镑，按3%计入的100万英镑。在接下来的40年里，他们的独家贸易特权也是十拿九稳的。

这是一个可以自圆其说的谎言，为的是以此开展与法国人争夺印度殖民地的主导权。然而，这场战争从一开始就是一场灾难。

战争爆发时，一支英国舰队被派往东方，以夺取法国在半岛属地的总部本地治里（Pondicherry）。但在卡纳缔克（Carnatic）的纳瓦布（Nabob）[1]的要求下，由于马德拉斯总督惧战，英国人没有对那个

---

1 正确的拼法是 nawwabb 名词的复数形式，意为代表或总督，当时意义是统治的君主，尤其是从附庸国崛起到独立地位的人。这是一个阿拉伯词语，因此只适用于伊斯兰君主，特别是那些在莫卧儿帝国衰落期间在印度各地区掌权的诸侯。——译者注

地方发起攻击。

英国在新大陆占领布雷顿角后的第二年,拉·布尔多内(La Bourdonnais)率领的一支法国分遣舰队,通过俘获东印度公司最大的一艘船舰,突袭了圣乔治堡并攻取了邻近的城镇马德拉斯——当时所有的货品和钱财都蓄积在这个重要的基地。然而,本地治里总督杜布雷(Dupleix)没有执行投降条款,他的既定目标是通过征募印度土兵并挑唆地方强权者们之间的冲突来征服印度——在那个世纪初,这些强权者在莫卧儿帝国衰落之后纷纷崛起。然而,他的计划最后落败,一部分因素是他未能在马德拉斯陷落后占领卡纳缔克的英国行政中心圣大卫堡(Fort St. David),另一部分原因是博斯科恩(Boscawen)海军上将的到来。尽管博斯科恩海军上将在本地治里被击退,但他预判法国人正准备在靠近马德拉斯附近的圣多美(St. Thomé)建立强化阵地,于是代表公司占领了那里。事实上,这两个对手之间的第一次对决主要是以海军战法来较高下的,正如古时西塞罗(Cicero)写给阿提库斯(Atticus)的那样——谁控制了大海,谁就控制了世界。

之后进一步的敌对行动因亚琛(Aix-la-Chapelle)和平协议而暂停了一段时间,该协议的一项规定是,圣乔治堡应归还给该公司。作为交换,布雷顿角归还法国。这次事件非同小可,因为它表明公司的损失现在已被视为国家损失,而国家对公司的繁荣依然关心,英国已然愿意放弃在世界其他地区获得的战略要点,以重新夺取公司在印度被法国抢走的要塞和工厂。这种变迁,过去是现在仍是,既是该公司的,也是英国民众的关切,他们对在远东的发展与在美洲的殖民地和定居点的发展同样兴致盎然。这里可以顺便列出18世纪中叶,法国和英国重启争霸战争时,欧洲国家在印度拥有的主要堡垒、工厂或属地：

英国

在西海岸的苏拉特和孟买，拥有主权；在位于同一海岸的卡尔瓦尔、卡利卡特、泰利切里和达布尔的工厂；阿格拉、艾哈迈达巴德、拉合尔和其他一些内陆拥有工厂；在东海岸圣乔治要塞（包括马德拉斯和圣多美）、圣大卫要塞、维萨加帕坦要塞、甘贾姆要塞等；在孟加拉拥有威廉堡（加尔各答）；另外还有巴拉索尔，卡西姆巴扎尔、达卡、巴特那等地的工厂。

法国

拥有本地治里，设防的城镇，以及东海岸的一些附属堡垒和工厂；有巴拉索尔、金德纳格尔（Chandernagore）和孟加拉其他地方的工厂；还有苏拉特和西海岸其他地方的一些工厂。

荷兰

拥有拉贾波雷、科钦、卡利卡特、特格纳帕坦、卡纳波里、图提科林、帕利卡特、内加帕坦的工厂和堡垒；拥有巴拉索尔、卡西姆巴扎尔、巴特纳、达卡等地的工厂；还有整个锡兰。

葡萄牙

拥有果阿（Goa）、迪乌（Diu）、达曼（Daman）、埃列芬塔岛（Elephanta Island）、曼加罗尔（Mangalore），且全部设有堡垒。

丹麦

拥有东海岸特兰克巴尔（Tranquebar）和丹斯堡（Danesburg）的堡垒。

战前，公司可转让股票的收益为8%；但以后，这一数字不得不减少到6%。不过,到停战之后,贸易额又大幅度增长,1755年的进口总值超过200万英镑——这无疑在一定程度上是由于马德拉斯被攻占所蒙受的巨大损失,更多的是因为有必要在军事基础上重组行政当局,为重新爆发敌对行动做好准备。所以,公司开始从印度寻找能与自己"合作"的人充当印度士兵,它们和部分英国军队组成了用于对外打仗,对内镇压的常备军[1]。事实上,东印度公司现在正在迅速转变为一支军事力量,甚至是一支侵略性的力量。

尽管法国和英国在接下来的八年（1748—1756年）中相安无事,但在印度的敌对行动并未停止。于是,人们看到了非同凡响的奇特景象：英国和法国的东印度公司陷入了一场你死我活的争斗,而这两个国家在其他地区则享受着短暂的安闲。起初,参战者自身无疑也感觉到了局势的不协调性,例如当他们就纳齐尔·江（Nazir Jung）和穆扎法尔·江（Muzaffar Jung）对刚驾崩的尼采木·木勒克（Nizam ul-Mulk）的统治权的对立主张发生冲突之时。就在这个时候,奥特伊尔先生（Mv. d'Auteuil）在卡纳蒂克河第一次战役之前,给劳伦斯少校（Major Lawrence）发了一条信息,说虽然两家公司站在相对立的一面,但他无意让英国人流血。现在,只是不知道英国人驻扎在纳齐尔的哪支军队里,因此如果子弹跑偏有任何误伤,也怪不得他了。对此,劳伦斯礼貌地回道,他同样不愿意让法国人飙血,但如果有任何一枪射向他,他肯定还回去。但这样的顾虑很快就被搁置到一边,法国人和英国人打得血流成河,直到后来军事天才克莱武（Clive）才鼎定了卡纳蒂克的主导权问题倾向于英国人。

---

[1] 安德森,第三卷,第594页。

第八章 "该死"的东印度公司（1702—1858年） / 113

在这些战役结束后，直到1756年两国再次爆发敌对行动（七年战争）。英国公司和法国公司的武装只不过是一帮雇佣兵，他们为了各自的目的，站在相互对立的一边。因此，他们认为只要不侵占彼此承认的势力范围，就算充分遵守国际法了。这个想法解释了在1752年当劳伦斯少校（Major Lawrence）为扩大战果，令人生厌地进逼本地治里，以及法国指挥官克尔让（Kerjean）对法国属地受到侵略的威胁而提出了抗议。劳伦斯充分认识到了抗议的力量，并为突袭本地治里地区边界以外的一个前哨而志得意满。只要克尔让的部队仍驻扎在本地治里城墙下，他仍会避免攻击他们，但当克尔让服从杜布雷严令其行进到该地区以外后，他毫不犹豫地发起了进攻并彻底将其击溃。在"黑洞"事件[1]发生后，无疑克莱武在1757年针对下孟加拉邦的苏拉杰和道拉特的行动中，确实袭击并占领了法国的金德讷格尔（Chandernagore）火车站。但当时，印度刚收到两国在前一年宣战的情报。

尽管荷兰是那时欧洲的一支重要力量，也为克莱武在下孟加拉邦取得的战果感到震惊。当他们不顾一切地试图恢复那个地区的势力均衡时，在西方相安无事、在东方大打出手的欧洲列强间的不正常关系也就再一次显现了。一支奋武扬威的军队从巴达维亚被派往恒河三角洲。接着军队登陆，出于公然的敌对目的，与孟加拉纳瓦布米尔·贾法尔（Mir Jaffier）结成同盟，并为中队强渡胡格利河（the Hugli）做好准备，以到达河上游位于钦苏拉（Chinsura）和卡西姆巴扎尔的荷

---

[1] 1756年，孟加拉国王为赶走英国殖民者，攻占了加尔各答，并将146名英国俘虏关进一间小黑屋。1756年6月20日，当英国人再次攻占加尔各答，发现其中123人已窒息死亡。史称"黑洞事件"。——编者注

兰工厂。克莱武骑虎难下，因为迅速行动可能会让英国和荷兰卷入战争；如果允许船只越过查诺克炮台（Charnoc's battery）和坦纳斯要塞（Fort Tannas）的话，他在普拉西（Plassy）取得的所有战果都将会化为乌有。因此，他表达了"要是我们可以下一个小时就收到与荷兰宣战的消息该多好"的愿望。然而，所有的安排都是为了与陆上部队和海军中队的遭遇。当战事避无可避时，这两支部队都遭到猛烈攻击并溃不成军。在克莱武在玩纸牌时，收到了英国军队指挥官福特上校（Colonel Forde）申请直扑荷军的枢密院令——他有打败荷兰人的大好时机，而克莱武在手不停牌的情况下，竟然还能用铅笔写下那封著名的回信，信中指示福特上校对荷兰人作战，并答应第二天下达枢密院令。这一事件之后，荷兰人在印度半岛上拆除了仅存的几处哨所和工厂，以及即将在下一次战争中失去的尼加帕坦要塞。

自1756年宣战后，与法国的冲突逐渐转化为一种全新的，或者说更为合法的模式。自此，两国彻底投入了战争。我们无须深究这些历史事件，只能说在1761年，也就是法国人在新大陆降下旗帜两年之后，法国人在印度的重要据点本地治里以及整个半岛上飘扬过他们旗帜的每一个堡垒和工厂都被攻占——他们被赶出了印度。

毫无疑问，《巴黎条约》（Treaty of Paris，1763年）恢复了法国在该地区的主权。但条件是，除了一时作为海德·阿里（Haider Ali）和迈索尔的萨赫比提普（Tippú）的盟友（1782—1783年）以外，法国不能再主动参与半岛事务。因此，在《凡尔赛条约》（Treaty of Versailles）中，他们约定"不在孟加拉的苏巴（Subah）[1]所管辖范围

---

[1] 正式的叫法是苏巴达尔（Subahdar）或纳瓦布（Nawwab）。——译者注

内的任何地方修建防御工事或驻扎军队。"在下一次战争（1783年）结束时，新的条约对本地治里作出了类似的规定，在印度其他所有地方的主权再次归还法国所有。拿破仑试图通过远征埃及（1798年）来刷新战局，但因阿布基尔海战（Battle of Aboukir）和随后的军事行动而受阻，导致1801年亚历山大战役（Battle of Alexandria）后法军投降。

著名的督政府成员巴拉斯（Barras）在他的《回忆录》（Memoirs）中给我们留下了他"对当前形势颇具启发性的判断"，"拿破仑在一大堆诡辩中，凭着他生动的想象力向我们保证，一旦他掌控了埃及，他将与印度的王公们建立联系，并与他们一起攻击英国人的领地，但这是徒劳的。我从个人经历中对印度的了解使我坚信，只要英国仍为海洋霸主，其在印度的地位仍旧不可撼动"[1]。

值得注意的是，本地治里的陷落曾一度置东印度公司与母国政府处于直接冲突的危险之中，这里因为当时在印度服役的英国军队代表着母国的利益。此前，马德拉斯总督皮戈特先生（Mr. Pigot）要求将本地治里的治理权移交给马德拉斯省，因为它现在已经成了东印度公司的财产。这一要求遭到艾尔·库特爵士上校（Colonel Sir Eyre Coote）的拒绝，在召集的委员会会议上，他代表陆军和海军的高级将领发言："若非皮戈特先生的声明打断了争辩，此辩论可能会耗时相当长，根据皮戈特先生所言，如果我们不放弃在本地治里的统治权，马德拉斯省将不会为国王的军队和法国俘虏提供维持生活的资金。这阻挡了进一步的争论，在不情愿下承认了马德拉斯省的权威。"[2]

---

[1] 巴拉斯，《回忆录》第三卷，C. E. 罗奇译，1896年。
[2] 爱德华·桑顿，《英国在印度的历史》第一卷，第358页。

从这起事件中，可以预见国家与公司之间若即若离的关系将持续下去，而且直到1857年印度民族大起义后公司倒闭才结束。半岛分权治理带来的不便可能已经显出端倪，国家和公司之间建立的临时协定（modus vivendi）在战争末期那段时间里已经在运行了。根据该协议，英国将提供紧急事件的战争物资，费用则由公司承担。公司保有已获得属地的行政管理权和税收权。于是，甚至连原本归属于王室的孟买也被移交给了他们。若非出于行使主权的需要，除了毗邻的锡兰岛外，中央政府不会直接拥有任何土地。这是由于锡兰岛是拿破仑战争（Napoleonic wars）期间主要被帝国军队征服的，因此一直作为皇家殖民地进行管理。

从那时起，东印度公司与母国政府之间的联系变得更加频繁且密切，直到这个巨型的贸易公司的对外扩张史融入了帝国的通史。

毫无疑问，他们能建立印度殖民地在很大程度上得益于大莫卧儿帝国的孟加拉、奥里萨和比哈尔诸邦的纳瓦布们的频繁更迭。因此，对米尔·贾法尔的任命让克莱武赚到了大笔的钱：不算其他进项，仅一个永久的印度食邑（jaghir[1]）就价值3万英镑；当米尔·贾法尔被他的女婿科西姆·阿里汗（Cossim Ali Khan）所取代时，范西塔特（Vansittart）得到了5拉赫[2]卢比，特别委员会（the Select Committee）的其他成员也得到了1拉赫、2拉赫，甚至更多。后来，科西姆·阿里汗被废，米尔·贾法尔于1763年复辟；在他死后（1765年），他任命了儿子努朱姆·达乌拉特（Nujum ud Daulat），要求其

1　A jaghir（ja=地方；ghiriftan=占有）：是一块地产或一个地区，其土地收入由领主分摊给任何人，通常提供按要求的劳役。

2　1拉赫=100000卢比；当时1卢比为2先令；所以5拉赫=50000英镑。——译者注

拿一定数量的拉赫卢比重新分配。因为皇帝在与科西姆、与莫卧儿王朝重臣（Vizier）舒贾·达乌拉特（Shuja nd Daulat）以及与莫卧儿皇帝本人的战争中，纯粹就是个"提线木偶（lay figure）"，被野心勃勃的王公或是握有实权的重臣裹挟着从一地的营帐辗转到另一地。在蒙罗少校（Major Munro）打败了皇帝和皇帝的宰相，获得布克萨尔（Buxar）大捷（1764年）之后，这位走投无路的皇帝，最终写信给英国指挥官，祝贺他战胜了舒贾·达乌拉特，同时还道歉或者说解释道，虽然他身在王公的营帐，但在战斗前的那个晚间就已经离营了。

克莱武在安排好将下孟加拉邦三省的帝旺尼（diwani）（或称财政司）从苏巴达尔（Subadar）移交至公司后，于1766年返回英国。这一安排的作用是将苏巴达尔的权力变得有名无实，进而把实权转给了公司，王公们则变成了从公司领养老金的人。既然这最后一击是通过与皇帝达成协议实现的，当克莱武离开印度时，公司已完全掌控了囊括数百万人口，并拥有超过15万平方英里的世界上最富饶的冲积平原。

但他不知道的是，他留下的和带回的都是火药桶，足以同时引燃恒河和泰晤士河。在东方，在备受毁谤的沃伦·黑斯廷斯（Warren Hastings）和继任者镇压下，火焰被扑灭；在西方，议会通过积极干预，自此成为公司管辖范围内事件的真正管控者。1767年，国王任命了一个议会委员会，调查公司事务的总体状况，即要求公司出示公司章程、与当地君主签订的条约、与印度雇员的通信、其管辖范围内各邦的盈收状况，以及政府以公司的名义在海军、陆军和其他部门产生费用支出的账目的副本。他们对占领土地的绝对权利虽然没有正式包括在内，但在后来的审议中经常被讨论，且从未受到过严重质疑；

这一关键点可以说是由国家和公司在接受"既成事实（accomplished facts）"的原则上达成的默契来解决的。人们认为，早期特许状中的特别条款充分涵盖了这一理由，由于这些条款从未被正式撤销，因此理所当然可以认为这些条款随着特许状本身的不断续期而得以延续。

但在其他问题上，公司的危机接踵而来。为了暂时避开危机，他们提出了一些建议，比如在三年内，每年支付40万英镑，以换取他们在茶叶、生丝和印度纺织品的内陆税方面所要求的某些优惠。这一限定为两年的提议得到采纳；但同时也通过了一些措施，规范贸易公司选举人的资格，并抑制公司在下次议会会议之前将其股利提高到10%以上。

公司已达到被视为一个永久性的收入来源，就像其他一些公共服务部门一样。人们开始担心，除非他们的年度股息可控，否则所有可获得的收益只会分配给股东，而不会留给国家。然而，公司和议会达成了一项妥协，即在继续为期五年、每年支付40万英镑的条件下，公司可以在这段时间内逐步将股息提高到12.5%。但是，如果他们的收益不允许有这样的股息，那么如其所称的年度分红，要按比例调减，如果股息下降到6%则完全终止。有必要简要提一下这些晦涩难懂的金融交易，以便读者了解现今印度院（India House）和议会之间逐渐形成的关系本质。

由于东方严重事态升级，股息在1770年减到6%。因此在1772年通过了一项法案，任命了一个特别委员会对公司作为贸易公司和行使主权的政治机构的状况进行全面调查。在当时每年例行的议会辩论中有人认为，一方面应该限制他们从事任何形式的贸易，另一方面则认为他们的属地应该交由国家直接管理。然而，议会又通过了一项决议，规定这些属地的所有权期限不超过六年，并预支140万英镑给公司——当时公司急需议会的援助。

同年，议会通过一项法案，对该协会的章程进行了根本性修改。该法案规定，加尔各答原市长法院应仅限于小型民事案件。因此应设立一个新的最高法院，由官方任命的一名首席法官和三名助理法官组成，用以处理大案。同时，孟加拉邦的省督地位高于马德拉斯省督和孟买省督。从今以后，该公司必须被视为几乎完全掌握在内阁大臣手中，并且要对会议负责，达到像大臣们自身一样。

在这一年（1773年）还有一个他们当时获得出口茶叶到北美的免税许可，这是为了补偿他们在其他方面产生的损失而做出的让步。人们可以看出他们多么渴望被视为中央行政部门。但是，殖民地居民当时反叛的时机已经成熟，他们不辨公司的商品和其他英国商品的区别，而波士顿人抛进港湾里的茶货实际上正是公司运去的茶叶。公司因此也拥有了为美国革命（American Revolution）提供第一个直接诱因的盛名。

那时起，国家利益在多大程度上与公司利益联系在了一起，再没有人表示出异议。这个公司可能会成为众议院激烈辩论或严格立法的主题——甚至可能面临消亡的威胁。但只要它存在，贸易就要与战争共同存在。

在蒸汽动力和电报还没有投入使用的那个年代，与半岛沟通所需要的时间太长，以至让公司那些道德败坏的雇员们在他们邪恶交易的消息传到英国之前深度妥协。因此，董事们对坦焦尔（Tanjore）的问题仍一无所知。当他们得知坦焦尔王公的确遭到了公司的另一个盟友、阿尔果德的纳瓦布穆罕默德·阿里（Muhammad Ali）在马德拉斯省军队的帮助下的不正当攻击,并战败被废黜的情报后,被惊得目瞪口呆。与王公反目的借口也似捕风捉影,但彼时纳瓦布在省政务委员会中权势滔天,他对一些金钱上的小纠纷心怀怨恨,也觊觎王公的王位,当时在马德拉斯政府的配合下他夺取了王位。

这就是突如其来、名噪一时的坦焦尔之战。但是产生问题容易,平息很难。念及他以前的效忠之事,董事们当即派出皮戈特(Pigot)先生(后来的勋爵)让王公官复原职,随后又把不守规矩的理事会成员绳之以法。与此同时,纳瓦布已然做了应对之举,其中一项便是以30%的诱人利率向他在政务委员会中的几个朋友借款,并将他新到手的坦焦尔庄园的收入抵押给他们,作为本金和利息的担保。通过这一举动,他瞬间将他们的利益与自己的利益联系起来,特别是使他们成为他保住坦焦尔的最坚定的支持者。随后,皮戈特成功地恢复了王公统治(1775—1776年),并成功将两名政务委员会的成员停职。之后,他行使自己的权力逮捕了军队总司令罗伯特·弗莱彻爵士(Sir Robert Fletcher)。后来,他遭遇了与保加利亚已故君主亚历山大(Prince Alexander of Bulgaria)相同的命运,即被气急败坏的政务委员会成员秘密劫持到一处军事幽禁所。开锚地中队指挥官爱德华·休斯爵士(Sir Edward Hughes)到那里营救他,未能成功。

在得知这一消息后,一家常设法院(1777年)尽管基于某些理由谴责了皮戈特,但还是支持了他的行动。后来,通过纳瓦布和他党羽的秘密策划,董事会决定命皮戈特立即回国,来对他的行为展开调查。纳瓦布的影响如此之大,以致当这一事件提交到众议院时,以微弱多数否决了约翰斯通(Johnstone)总督支持皮戈特勋爵、谴责马德拉斯阴谋集团(Madras Cabal)并废止"召回皮戈特"的决议。但与此同时，总督[1]因死亡而获得了解脱，而这场纷争通过对他的四名反对者的起诉和定罪得以解决，他们都家财万贯，每人被罚款1000英镑。然而，对于这种误判负有责任的是众议院，而非董事会。

当吃着海德尔·阿里粮饷狂野的马拉他的骑兵扫荡过卡纳蒂克的平原，潮涌般冲向马德拉斯的胸膛时，城墙内得过且过和等级腐败仍占统治地位。爱·库特爵士为年龄和荣誉而压弯了腰，只能每在鏖战的间隙才会带着他英勇的、忍饥挨饿的兵士去翻找食物。而胆小的官员们却贪婪地鲸吞不义之财，再悄然潜回英国，在愤怒但无助的董事会面前没羞没臊、厚颜无耻。更有甚者，有人在下议院为自己买下席位，方便他们在当资金耗尽的公司向英国议会呼吁临时援助时，为物资供应问题进行投票。

然后，他们任命了那些秘密委员会和专责委员会来调查公司的事务。这激起了许多抗议，并且泛滥的冷嘲热讽激发了伯克（Burke）的口才。这位伟大的演说家惊呼道："先生，当公司就这样轻而易举地侵犯我们的权益，通过行政管理用两个委员会（一个是建立在宗教法庭原则基础上的秘密委员会，一个是特别委员会，而这个委员会的一位朋友还称这是对公司的嘲弄）来滋扰我们，这不残酷吗？这公平吗？一位通常与行政机关投票的绅士发现该法案是非法的、不适宜的、令人担忧的，他还发现秘密委员会也是一个异端裁判所，且过于急切和粗暴。内阁的另一位朋友宣称，特别委员会进展缓慢，堪称是完美的嘲弄。夹在这两者之间，公司会变成什么样？我申明，我只能将它们比作一个起重架。特别委员会是一个移动迟缓的重物，秘密委

---

[1] 指皮戈特。——译者注

员会是滑轮，因为一个是慢动作的，另一个动作很快，公司则实际上被架起来烤。"

在1781年，内阁提出一系列建议供议会审议。其中包括：王室是否应该将公司的属地和收入完全掌握在自己手中，同时开放印度的贸易。有人建议，除短期外，无论如何不应授予任何新的宪章，并以此换取公众广泛分享公司的利润和收入。此外，应该在伦敦设立一个法庭，目的是控制和调查在印度的管理事务，并惩办那些滥用职权的公司雇员。这些激进的措施遭到了公司的反对。最终，王室暂且以临时法案（1781年）达成了妥协，允许公司在短期内继续其独家贸易和产业的管理。

在1783年的全面和平之后，福克斯（Fox）提出了他的两个著名法案，一项是将公司属地的政府管辖权授予行政专员——当时该属地的人口大约为3000万；另一项是在行政和司法程序方面进行其他改革，以防止今后对这些属地的治理采取任何武断的、不公正的程序。这些法案都遭到了皮特的反对，无论是基于其优点的还是基于公平缘由的。事实上，要求董事们交出所有土地、公寓、房屋、账簿、记录、契据、文书、船舶、金钱、证券和各种财产，也会被指责为意在没收财产，以及剥夺东印度公司成员的权利。正如董事、业主团体和伦敦金融城向下议院提交的反对法案的请愿书中所指出的那样，所有这一切都是在没有任何审判或定罪的情况下进行的。然而，他们以极大的优势（208票对102票）通过了法案。不过，最终还是被上议院否决，因为他们的否决牵扯到福克斯政府的垮台以及皮特政府的上台。

皮特虽不是滥用权力的盲目拥护者，但他对保守派认为的，对于外国财产的管理应该是为了国家的利益，而不用去管当地人的福利也是颇有微词的。因此，他及时提出了两项措施（1784年），以更好地管理公司的业务领域，并对公司的独家贸易进行规范。其中第一项遭否决，第二项被采纳。第一项法案，主要涉及议会的解散，它规定了由王室任命专员来检查、监督和控制所有关系民事或军事管理，或者公司产业的营收的事务，还规定总司令的任命必须由王室授权。皮特解散议会重新进行下议院选举，当他以压倒性多数重新当选时，又轻松地通过了他的第二项法案。根据该项法案，公司事务从此开始得到处理，直到公司的专属贸易停止（1813年和1833年），并在1858年最后解散。

按照委员会的修正，该法案（1784年8月9日）通过后成立了一个与前一法案中筹谋的有些类似的控制委员会，有权在紧急事件中出台措施，而且在和与战的事务中保密。它有权越过董事会和几位省督直接向总司令下达命令。孟加拉总督和议会被授予了向孟买省督和马德拉斯省督发布命令的绝对权力。另一方面，最高委员会（Supreme Council）则被禁止在没有国内命令的情况下，缔结冒犯性条约，或向任何印度统治者宣战，因为国内政局已因在印度的战争越来越不稳定。最高法院受命调查以解决一直压榨柴明达尔（zamindars）[1]或世代农户的沉重地租和捐税，指导他们采取救济或其他保护措施。英国臣民在印度任何地方犯下罪行，任何英国法院有权审理，审理方式视

---

[1] Zamindar, Zamin 相当于 land（土地），dar 相当于 holder（持有人），土地持有者，地主，尤其是世袭的中间人，他们在莫卧儿皇帝们创建的土地保有制体系下征收或承包政府土地税。这一身份自然导致了对印度村农（ryots，印度教村庄保有权下的农民）严重的欺凌和压迫；但这些柴明达尔与村社和王室的关系被误解，也不被英国法律承认，加尔各答高等法院一如最初成立的那样，常常对柴明达尔处事不公。法警被指控执行令状时强行进入他们的住所，甚至冒犯了女人的闺房（zenanas）的圣洁，而著名的法律权威给柴明达尔出主意说，他们根本不受高等法院的法律管辖。这里有大量不确定和不适当的因素，需要以后的和更多的开明立法来解决。目前，孟加拉的柴明达尔享有英国土地所有者的地位，但须缴纳地租，并享有将所拥有的土地长期承包给印度村户的不甚明确的佃耕权。——译者注

同于其在王室所辖疆土犯罪。除了给律师、牧师、医生和外科医生赠送礼节性的礼物以外，其他礼物均予以禁止。此外，为了防止盗用公款，公司的所有员工都必须在抵达后两个月向财务法院宣誓估算财产。为了有效执法和控制公司事务，还制定了其他的规定；但是授予国王提名孟加拉、孟买和马德拉斯的几位总司令，以及任命董事的条款被委员会撤回。

这样设立的控制委员会和董事会之间一定会产生某种摩擦。就如同人们在第二年所见，在关于阿尔果德纳瓦布的债务问题上和公司声称提名孟加拉总督和邦属理事会的专属权利上纠缠不休。因此，1786年公司通过了进一步的措施，从而更明确地界定了这些机构各自的职能。1788年通过的另一项措施的目的是消除对控制委员会权力的所有疑虑，该委员会有权"指示召集、运输和维持被判断为对东印度的英国属地和产业安全所必不可少的军队的费用，应从上述属地和产业产生的收入中支付"。

从所有这些事务的处理中可以清楚地看出，公司在半岛所征服和兼并了被视为最严格意义上的英国财产，因此这些属地的民事和军事事务从此被置于中央政府的绝对掌控之下。

"自从皮特通过《印度法案》（1784年），印度事务的最高管理权就从公司手中转出了。从那时起，一个以贸易为目的起家的公司的管理权就落入了无意于贸易的人之手。此后，控制委员会主席和总督这两位英国政治人物在决策印度主要问题上也有了分歧。而且只要公司存续，领导职位就属于总督而不是董事会主席。现在，正是在这种制度下，英国开始了对印度的彻底征服。"[1]

1773年英国在印度开启了总督统治。随后又成立了加尔各答最高法院，而公司所有者（即股东）则被剥夺了选举权。也就是说，排除了其对公司事务的全部干涉。1793年的下一次特许状延期正值英国政府试图关停所有的个人企业，甚至包括传教工作，这与孟加拉永久解决方案时间相吻合，是世界历史上最有纪念意义的立法之一。[2]

接着在1813年，一项新法案继续剥夺公司的权力得以通过。由于这项法案，公司不再作为一家特权贸易公司而存在，而其享有的广泛任免权在1853年特许状最后一次延期时被彻底废除，接着便发生1857年印度民族大起义，以及公司对印度人的大屠杀。这一行为严重影响了英国人在世界上的声誉。因此在1858年，公司除茶叶贸易外的所有管理事务被剥夺，印度正式成为英国的一个直辖殖民地。1874年1月11日，公司正式解散，从此消失得"不留一丝痕迹"[3]。

1　《英国的扩张》，第314页。

2　《英国的扩张》，第310页。

3　leave not a rack behind，出自莎士比亚的《暴风雨》。——译者注

第九章

加拿大的前世：
哈得逊湾公司

/////

以下，我们的场景忽然间发生了变换，在普洛斯彼罗[1]魔杖的作用下，从热带印度的云顶塔、华丽的宫殿和庄严的寺庙转到了北极地北美洲的冰川水域、阴霾晦暗的林海和风暴席卷的草原。尽管两种环境之间的对比，差异之大几乎无以复加，但是人和商业的关系近乎如出一辙。此时，英法之间旷日持久的较量正酣。在这里，斗争的结果是相同的，一片广袤的约百万平方英里的帝国领地由一家贸易公司转赠给了盎格鲁-撒克逊种族。

在哈得逊公司初创之时，人们不拿它与东印度公司相比，反倒是与俄罗斯公司相比。既然一个公司的建立是为了寻找东北通道，那么另一个公司主要目标就是寻找西北路线，而他们最终目标都是与被西班牙-卢西塔尼亚（Hispano-Lusitanian）民族垄断贸易的中国和印度做生意。长期以来，人们一直认为，北方极地的冰原和湖泊地区虽有商业发展的潜能但非常脆弱。因此，与分散的阿尔冈琴或阿萨巴斯卡土著部落建立的任何贸易关系，只能被视为达成终极目标的一个阶段

---

[1] Prospero，引自莎士比亚的《暴风雨》。——译者注

性目标。当然，终极目标则是远东的丝绸、香料和其他的珍宝。随着寻找一条不存在的畅通无阻的西北路线的希望越来越黯淡，开发当地资源以实现盈利的前景反倒变得愈加光明。那里不仅有丰富的深海渔业，而且还有无限丰富的木材资源，昂贵的狐狸皮、熊皮、貂皮、河狸皮和许多生活在荒僻无路的北方森林中锦帽貂裘的栖居者。

第一批尝试开启西北通道的是弗罗比舍尔（Frobisher，1576—1578年）、戴维斯（Davis，1585—1587年）、哈得逊（Hudson，1607—1610年）、巴顿（Button，1611—1612年）和巴芬（Baffin，1616年）等人。当巴芬在返回英国宣布没有发现西北通道时，所有朝着这方向的努力都被叫停了。直到1631年情况才有改变，当时为了达到公开的目的而两度重新尝试通过海路到中国。第一个完成航行的是国王钦命的卢克·福克斯船长，他深入纳尔逊港，在这里修复了巴顿爵士以前以国王的名义设立的十字架和铭文。紧随其后的是托马斯·詹姆斯船长，他是布里斯托尔商人派来的，他极大地扩展了我们对那些内陆水域的了解。尽管如此，返回时他也只是证实了巴芬不存在西北通道的结论。

虽然，这些英勇的努力注定失败，但在其他方面取得了意想不到的成果。他们间接促成了一家特许公司的建立，这家特许公司在17世纪理所当然地被认为是确保英国拥有其水手们首先发现的那些无边地区的最有效手段，否则这些地区一定会沦为法国人的猎物——法国人在那时加强了他们对圣劳伦斯属地的控制，甚至包围了英国人的定居点。在海边，法国人有一连串的驿站，从圣劳伦斯河（St. Lawrence）延伸到密西西比河（Mississippi），直到他们后来在墨西哥湾（Gulf of Mexico）的路易斯安那（Louisiana）殖民地。事态的发展将表明，如果新英格兰和弗吉尼亚的殖民地被法国的"腹地"包围了，那么法国在圣劳伦斯盆地的属地将楔入圣劳伦斯河以南的英国殖民地和该河以北的哈得逊湾领土的两地之间。这种平衡的情况，虽然历史学家很少留意，但与最后一个问题有很大关系。法国人几乎从一开始就清楚地意识到这一点，这从他们不断努力打破向北包围劳伦斯殖民地的障碍中得以体现。从某种意义上说，这些障碍后来被顽强的法裔加拿大商人和捕兽者打破了。但是，这个充满活力的混血种族的努力大部分都为英国哈得逊湾公司（Hudson Bay Company）服务了。

这家公司成立于1670年，成立的直接原因是前一年鲁珀特亲王（Prince Rupert）和其他17位达官显贵派出的两次探险的喜讯。第一次，在纽兰船长的指挥下，于纳尔逊港建立了一个殖民地，这是英国人在圣劳伦斯河北部建立的第一站；第二次，在吉勒姆船长的指挥下，与哈得逊湾沿岸零星分布的土著部落开展了有利可图的贸易。

即使在皇室随意给予特许的那些日子里，1670年5月2日[1]颁发的公司特许状也被视为是极其重要的。

在特许状序言中阐述说："这些冒险家得自行出巨资前往哈得逊湾探险，以期发现一条通往南海的新通道，并找到一些皮毛、矿产等的贸易，并且有了那种鼓励其进一步进行上述规划，凭此方式或将对朕及朕之王国产生极大的好处；朕欲竭尽全力提升公众福祉，故以此等进赠之物为朕、朕的继承者们和子孙后辈，赐他们及其他人等，此处所称之协会将被获准为一个永久的法人团体和政治关系。其名曰：英国向哈得逊湾贸易的总督和冒险家公司，永久继承，并有权持有、

---

[1] 通常认为的时间是1669年，这可能是因为鲁珀特亲王两次初步探险的年份与实际授予特许状的时间之间存在混淆。——编者注

接收和拥有土地、地租等（不限制其价值或范围），并随其意而疏远其同类。"

然后，特许状规定："他们拥有哈得逊海峡所有海域、海湾、海峡、河谷、湖泊、河流和水道的唯一的贸易和商业权。还有沿海和上述海域等的所有陆地、国家和领土等。这些实为朕之任何国民，或任何其他基督教君主或国家的臣民拥有，以及在上述海域、海湾等捕捞鲸鱼、鲟鱼和所有其他各种皇家鱼类，再连同上述范围内的海洋王权，以及所有的皇家金矿、银矿、玉矿和宝石矿山，从今以后这片土地被认为且号称为我们在美洲的种植园或殖民地之一，被称为鲁玻特地。公司被视为这一领土的真正和绝对的领主和所有者（始终保存对我们、我们的继承者们和子孙后辈的信仰、忠诚和受命于君权），对此之持有与东格林尼治庄园的自由永佃权（free and common socage）下生产且支付给朕及子孙等的两只麋鹿和两只黑河狸一般无二。

"公司可为其要塞、种植园和工厂的良好管理制定细则等，并可对违规者处以罚款。他们的专属领域也扩展至所经由的所有避风港、海湾、河谷等地，以此他们将从属地、边界和上述地方去发现水路和陆路的通道，以及居住在上述领土附近海岸的所有其他国家，但这些国家必须尚未被任何欧洲国家所殖民，且我们的任何臣民未获得独家的贸易许可或特权。

"公司可派遣战舰、输送弹药等，并可在其领土和城镇修建要塞；可以与任何君主或非基督徒人等媾和并开战；也可报复任何阻拦或冤枉他们的人；也可将所有那些无执照下驶入哈得逊湾的英国或其他臣民抓捕或遣返回家等。"

在评论这一特许专属权时，安德森评论道[1]：如果宪法，尤其是《权利宣言》（Declaration of Rights）没有限制专属特许权的特权，那么该公司无疑将在那些辽阔的领土中无拘无束。但现在情形完全不同了：自从我们的自由成功地建立以来，哈得逊湾公司或任何其他公司未经议会法案确认，都没有任何专属权。因此，任何英国臣民都可以自由航行到哈得逊湾，在那里捕鱼，与当地印第安人交易。可以像所称的公司那样，通过陆路或水路进入其中，并开始探索，人们将看到直至我们自己的时代仍有许多人在这样做。

该公司最初的资本约为11万英镑，由为数不多的持有人掌握。而且，公司牢牢掌握着这一领域，以至于长期以来私人贸易商没有认真尝试侵犯其领地。正如同一权威所说，该公司因为有要塞和驻地，在任何情况下都比其他冒险家拥有巨大的优势。通过要塞和驻地里他们的代理人可以在冬天居住在一个如此荒凉的国家，为他们与野蛮人的交易做准备，为他们的船夏天到来做好准备。因此，与任何私人冒险家相比，他们不仅有更多的安全和防护，而且在与当地印第安人进行贸易方面也有更多的经验。只有在我们这儿的夏天的一段时间里他们的船只才能安全地驻留，以免被如山一般填满海湾的冰堵在里面。事实上，仅在公司方面，这些优势就非常可观，以至于任何私人冒险家都不可能在匆忙中成功地与他们竞争。[2]

这些话被证明是极富先见之明，正如后来另一个强大的协会试图与特许机构竞争时让人们看到的那样，他们最终被逼得要么选择退出，要么通过合并来自救。然而，他们起初的进展非常缓慢。到了

1　《商业起源》第三卷，第27页。
2　《商业起源》第三卷，第28页。

18世纪中叶,他们的雇佣人数不超过120人,"他们一年中有九个月的时间都被关在这些要塞的低矮房屋里,以抵御刺骨的严寒和雨雪。夏天,他们外出捕鸟、捕兽和捕鱼,偶尔会遇到鹿和野禽,他们采一些像草莓、黑莓和醋栗这样的野生水果。他们每年从英国派出三四艘船,船上装载粗羊毛制品、枪支、火药和子弹、烈酒、利器和各种其他用具作为交换,当地人向他们出售各种毛或皮、鹅毛、河狸香[1]、鲸鳍、鲸油、床用羽绒等,他们每年都会给他们的股东们带来可观的红利"。[2]

当我们进一步了解会发现,公司长期以来的贸易是通过与当地人以货换货来进行的:"一张河狸皮可以用半磅火药或四磅重的铅弹,或两把斧头,半磅重的玻璃珠,一磅重的烟草,八把小刀或六把大刀交换;12张好的冬季河狸皮换一把最好的枪;六张同款皮换一件带花边的大衣;五张同款皮换一件普通的红色外套;四张同款皮换一件女士外套,按比例依次类推是水壶、护目镜、梳子等等。"[3]

起初,该公司与他们的法国邻居保持友好关系,如为《乌得勒支条约》(Treaty of Utrecht)的英国全权代表准备的《和平与商业条约总汇编》(General Collection of Treaties of Peace and Commerce,1732年)所示,其中指出"贝利先生(Mr. Bailey)是该公司在此海湾的工厂和定居点的第一任总督,他以信件和其他方式与加拿大时任总督弗隆特纳克(Frontenac)先生进行了友好沟通。几年来,法国丝毫没有因为此公司在哈得逊湾建立贸易和建造要塞造成的表面伤害而

---

1 正式的拼法是 casforeum——即在(河狸的)两个腹股沟囊中发现的黏液物质,具有刺鼻的气味和辛辣的味道,以前在欧洲药典中经常使用。——编者注
2 《商业起源》第三卷,第28页。
3 《商业起源》第三卷,第29页。

抱怨。在这段时间很久之后,也不自诩法国对该海湾或其邻国拥有任何权利"。

公司之所以可以长期自行其是,一个原因是最初人们普遍认为:这片地区除了作为狩猎和捕鱼的场地外毫无用处,只能生产黑莓和河狸皮,不适于耕种,更不宜欧洲人定居。后来那些了解情况的人再次刻意地这样宣传。因此,英国公众确信,在一个如此悲惨的土地上,不可能有所谓的种植园[1],更别提任何城镇或村庄了。当然,我们的人民必须从英国获得面包、牛肉、猪肉、面粉、豌豆和其他必需品。现在情况颠倒过来了,英国从哈得逊湾公司的许多地方获得了相当数量的生活用品。西部的一些地区存在数十万平方英里的世界上最好的小麦种植地。然而甚至在18世纪,真相才开始披露,我们才得知,"一些后来的航海者讲述一些大麦、燕麦和豌豆"是怎样"成功地试种过的"。[2]

与他们法国邻居的友好关系并没有持续多久,就像在印度如出一辙,法国人再次成为英国的敌人。在1682年,当两国处于和平时期,两艘在圣劳伦斯河上装备的船只驶入哈得逊湾,突然出现在纳尔逊港(Port Nelson)前,那里的一座英国要塞正在建设过程中。未料到会遭袭,也没有任何防卫这个地方的准备。因此,只能无条件投降,公司的所有雇员都被羁押到加拿大。在不声不响中就这么平白无故地被攻击,自然在英国引起了强烈的抗议,法国不得不撇清与这次海盗式远征的关系,甚至承诺会让公司满意。之后除了将电台归还外,似乎

---

1 《商业起源》第三卷,第28页。当时种植园被理解为任何严格的农业定居点,无论是自由劳动者还是奴隶(黑人)劳动者。

2 《商业起源》第三卷,第29页。

法国并没有给予足够的赔偿。

为了防止这种意外再度发生，该公司在海湾同一侧的丘吉尔河（Churchill River）河口更高处建造了一座非常坚固的要塞。这个据点的废墟至今仍然矗立，形成了一个300英尺的正方形，城墙厚达17英尺，正面用的是从英国进口的磨制石头，初装了40门大炮。总共花费了2.4万英镑。然而，尽管它很强大，但我们仍能看到它在下个世纪结束之前，与它的邻国同命。另一个据点建在了詹姆斯湾（James Bay）的浅滩口查尔顿岛（Charlton Island）上，这里现在已成为补给总库，用于从周边地区收集毛皮和其他产品并运往英国。

从西部流向詹姆斯湾的奥尔巴尼河上有堡垒；在靠近纳尔逊港的海耶斯河上有约克堡要塞（Fort York）；在向南一些距离的塞文河河口有新塞文要塞（New Severn）；查尔顿岛附近的鲁珀特河上，则有堡垒和工厂。因此，哈得逊湾的整个西南海岸，从詹姆斯湾的顶端到丘吉尔河的河口，在公司成立后的20多年的时间里都被占领了。

毫无疑问，法国已经对英国公司在鲁珀特土地上事务的快速进展非常警觉。因此，即使在1686年两国之间仍保持和平的同时，仍有一支法国突击队从加拿大被派出。他们走陆路，穿过劳伦特盆地和哈得逊盆地之间的低水位分水岭，进入该公司的属地，并成功地、出人意料地夺走了不少于四座新建的要塞。除了纳尔逊港的要塞外，公司在大陆上没剩下任何东西。

对此，公司请愿要求赔偿。詹姆斯国王立誓并坚决表示要法国归还并全额赔偿。正如安德森那离奇有趣的评论，诡计多端的路易十四虽然支持我们的国王的要求，归还了除了查尔斯堡以外的所有要塞，但没有赔偿公司的损失。正如后来所显示，损失的估计数额为10.8万英镑19先令8便士。事实上，这一事件的处理并不让人感到满意；法国在保留查尔斯堡后，还根据"既成事实"这一最受欢迎的外交格言，主张对该领土的主权。再者，它对詹姆斯国王任命的专员们的报告起到很好的抵消作用，因为这些专员与法国人一起处理了归还被抢占要塞的事宜，并宣称已经清楚地力图证明詹姆斯对哈得逊的整个海湾和海峡毗邻的土地，以及法国占领的要塞拥有绝对权利，并对上述海峡和海湾内所有地区拥有独家贸易的绝对权利。

在1689—1697年的全面战争期间，哈得逊湾的这些要塞不止一次易手。尽管在1696年，由威廉国王派遣的由两艘船舰和一些随船的陆上部队组建的远征军已将要塞全部夺回，但在《里斯维克和约》（Peace of Ryswick）中又将其中的一些舍弃给法国人。在西班牙王位继承战争期间，法国军队再度取胜——至少在一开始是这样。在战争结束时，他们仍然据有该公司位于几条流入哈得逊湾的河流的河口处及其南部入口处的几个据点。

但是，《乌得勒支条约》（1713年）在某种程度上明确规定了法国要将整个哈得逊湾领土永远完全转给英国所有，包括他们仍然拥有的所有地区，无论是通过征服的还是其他方式获得的。随后，英国还任命了专员来确定该领土与加拿大毗邻地区之间的边界，并在一年内解决这一问题。虽然这些边界从未被确定，但这并不重要，因为在接下来的半个世纪里，法国人已经退出了这个舞台，还让他们的英国对手占领了北部大陆。专员们进一步被委任去查清公司在和平时期由于敌对入侵和劫掠产生的损失赔偿金额，如上所示，损失超过10.8万英镑。但这也无关紧要了，因为过去也没有给过足够的补偿。

然而，公平的说法是，法国对哈得逊湾领土的主权主张并非单纯或仅仅基于这些掠夺的结果。早在1656年，也就是该公司成立的四年前，让·波旁（Jean Bourbon）就从魁北克（Quebec）出发，前往哈得逊湾探险。按照通行的惯例，他占领了大内陆盆地南岸周围的土地。也就是说，詹姆斯船长（1631年）发现的入口，至今仍以他的名字命名。所以，至少在大致准确的由沙勒瓦（Charlevoix）撰写的《新法兰西的历史》（*Histoire de la Nouvelle-France*）中是这样陈述的。[1]但是，这位作家对17世纪下半叶圣劳伦斯河以北的法国和英国殖民者之间关系的描述并不总是可信。他对1682年那海盗式的探险给予了完全不同的定性，他告诉我们法属加拿大人准备了一次探险，探索了哈得逊湾西海岸最北至北纬57度，在那里勘测了两条汇合在同一河口的大河，并分别命名为圣泰瑞丝河（Sainte-Thérèse）和波旁河（Bourbon）。今天，这里依然矗立着那座波旁堡（Fort Bourbon），它位于两条河流的河口形成的岛屿上。[2]

所有这些都得到了维维恩·德·圣马丁先生（M. Vivien de Saint-Martin）的补充，[3]这两条河流是那些现在"在我们的地图上"以海耶斯或希尔和纳尔逊[4]的名字命名的，并且波旁堡已经被英国人后来所建的要塞以约克堡重新命名。这是一个很好的例子，说明有时历史可以倒叙。如上所见，所提及的要塞已经在建设进程之中。这时魁北克的法国兵将其攻占并改名为波旁堡，同时将英国俘虏带回加拿大关押，

---

1 《商业起源》第一卷，第476页。
2 《商业起源》第一卷，第478页。
3 《哈得逊属地》，第750页。
4 因此，在两河共同的汇入地的河岸上"1612年葬下了航海家纳尔逊的遗骸，他的名字因此河而流传万世"（《隐士》第15卷，英文版，第216页）。然而，应该指出的是，纳尔逊不是"领航员"，而是船主，船由托马斯·巴顿船长（爵士）指挥，他是这条河的发现者。70年前，在这些地区从未见过法国人。

法国作家们对此事件则不置一词。其实，从他们的叙述中，人们可能会推断魁北克的法国兵是第一批到访问这片海岸的欧洲人，并且他们还为早已经以他们的先行者海耶斯和纳尔逊的名字命名两条大河冠名，这两人才是那些内陆水域的先驱和发现者。

但是，除了这些细节之外，对占有优先权的充分有效主张可能是基于1656年的魁北克探险。但对于这个问题，法国作家也视而不见。不仅哈得逊盆地的第一批探险家都是英国航海家，而且如上所述，法国人在让·波旁（Jean Bourbon）率领下进入那些水域之前，他们中的两个人（巴顿和福克斯）已经正式占领了整个地区。因此，《乌得勒支条约》中规定将所有这些土地移交给英国人的条款只是一种归还行为，将被盗财产归还给其合法所有者。

在两国异乎寻常的长期和平时期（1713—1744年），英国公司不受侵扰地占据着广袤的领土，对领土上的资源他们继续略显缓慢地开发。在"大孤岛（great lone land）"内部进行认真的地理探索的时代尚未开始，因此与当地人的商业交往主要限于沿海的部落。至少，如果有任何重大发现，这些信息都会被小心翼翼地埋藏到公司的档案中，公司的政策是把尽可能多的障碍放在私人冒险家的道路上。

在贸易关系中，他们也继续保持某种被动的态度。也就是说，他们没有雇佣捕猎者和"航海家"到森林中搜寻当地农产品，而是将经营活动限制在以物易物的方式来购买印第安人带来的商品。

当然，在《巴黎和约》（Peace of Paris，1763年）签订后，在法属加拿大的森林猎人（coureurs des bois）尚未成为英国臣民时，不能雇用。另外，在大不列颠殖民者开始占领上加拿大地区（Upper Canada）之前，也没有任何英格兰或苏格兰殖民者可在此开发。因此很明显，由于他们狭隘的排他性政策，英国公司正在破坏他们自己的形象，并妨碍他们属地的自然发展。

在1730年，英国公司对英国的进口进行了呈报，揭示出他们以货易货的范围和特点。其中包括：河狸皮外套和河狸皮纸11040件；河狸幼崽4404只；雄鹿皮纸3830件；鹿幼崽990只；貂皮1648件；破损貂皮3130件；水獭皮380件；猫皮890件；狐狸皮260件；狼獾皮540件；黑熊皮410件；狼皮190件；捆装木材30件。最后一项似乎指向木材贸易的一个不起眼的开端，后来得到了如此巨大的发展。"捆装（shock）"在技术上是一大堆或一捆60件松散的物品，尤其是像木柱或木瓦这样的物件。

皮毛生意虽然一般年份总量不超过3万张，但在当时仍被认为是令人振奋的。在这一点上，安德森评述道，"通过这种贸易，我们现在节省了大笔的钱，以前把钱送到俄国用于购买这种有用的毛皮，现在完全是用我们自己的粗羊毛、其他工业品和农产品购买的"[1]。也就是在这个时候，一本匿名小册子发行了，题为《美洲的英国种植园对王国的重要性》等（伦敦，1731年），其中附引了哈得逊湾公司的经营状况：

哈得逊湾的生意通常从伦敦雇用三艘船，运去德弗尔（duffle）的是粗呢布或毯子、火药和子弹、烈酒等。作为交换，他们将大量的各种毛皮带回家——床用羽绒、鲸鱼皮等。而作为那个小公司[2]在大约10万英镑的资本中，股息高达8%，以前甚至到达过10%。除此以外，他

---

1 《商业起源》第三卷，第419页。
2 "小"指的是其股东的数量。——编者注

们还为我们的民众提供了给这些船只修配和装载的就业，这确实可以说是一种大有裨益的买卖，与其体量相称。

这里有一个奇异的单词duffle（正式的写法duffel）是源自荷兰语，指的是安特卫普附近的德弗尔镇。该镇长期以来以生产厚实而粗糙的、有紧密绒毛或带有饰带的羊毛布而闻名，这在华兹华斯的《爱丽丝·费尔》中也有提及：

让它以德弗尔的灰粗呢为料，其温暖可称之为今日售卖的斗篷之王。

当地人非常喜爱这种料子，他们很喜欢将其中一条改成宽松、飘逸的托加长袍；并像造物主一样在公司驻地附近趾高气扬地游走。

然而，这些印第安勇士并不局限于购买德弗尔粗呢。亚瑟·多布斯（Arthur Dobbs）先生告诉我们，大约在1742—1743年间，他们用毛皮换取了各种各样的其他商品，例如玻璃珠、宽幅布、白兰地、糖、线、朱砂、纽扣、鱼钩、耐火钢、锉刀、枪、打火石、连指手套、帽子、指环、小桶（也拼作rundiets，容量从3—20加仑不等）、刀子、冰凿、眼镜、腰带、烟草和印第安女用饰物。但整个生意的额度不大——也就4000英镑左右。然而，多布斯先生与公司，或者说是公司的捍卫者米德尔顿船长（Captain Middleton）就西北航道和其他精心布置的投机活动发生了激烈的争吵，他指控他们以2000%的利润来零售这些商品。他告诉我们河狸皮在他那个时代是当地货币，一张河狸皮可以买到一磅重的黄铜水壶，或一磅半的火药，或五磅铅弹，或六磅巴西烟草,或两码吊袜带,或一条马裤,或一把手枪,或两把斧头等。不过,这里似乎没有这样的利润差的空间,即使在英国河狸皮以白银的重量出售,情形也远非如此。1743年,从加拿大向罗谢尔出口了31.1万件各种皮毛(有些比河狸皮贵得多),总价值不超过12万英镑,每件毛皮均价约为8先令。

多布斯先生的主要不满是,虽然确实存在一条从哈得逊湾出发的西北通道(他本人从未去过那里),但为了公司的利益,米德尔顿船长不愿找到它。因此,他于1741年被海军部派往那里的目的不言自明。后来,他的确找到了通道入口,并将其命名为瓦格湾(Wager Bay),以致敬当时的海军部负责人查理·瓦格(Charles Wager)爵士。但这并没有让多布斯先生满意,因为多布斯先生坚持认为,如果跟进的话,这个他以前从未听说过的入口肯定会直接穿过大陆到达太平洋。事实上,海湾从被称为罗伊斯威尔卡姆(Rowes Welcome)的水道向内陆延伸了一小段距离,因此在距离太平洋差不多1500英里处终止了。但多布斯先生更清楚这一点,他抗议米德尔顿船长糊涂,说他们偏袒公司。事实正如其声称的那样,他"无意公布这一发现,因为他相信这将是他们开放其贸易的手段,也因为他们当然没有《议会法案》规定的法律专属权利,而仅有查理二世国王的特许状"。

另一方面,在公司效力了20多年的米德尔顿船长敦促说,如果公司解散并开放贸易,就得对哈得逊湾要塞进行补偿,而哈得逊湾要塞仍然必须通过对私人贸易商收费或收税来对抗法国及其在当地的盟友。毫无疑问,大家都向往能够将贸易扩展到远离大海湾海岸更远的内陆地区。但问题是,如果没有一条通畅的水道横穿大陆,就无法直达中国。只要法国人掌握着圣劳伦斯盆地,开放贸易就绝无可能。而且在圣劳伦斯盆地从陆上和海上都可以轻易入侵属地，这在先前的数次战争以及在和平时期都反复印证过。就这样，从1741—1743年，纸上战争在轰轰烈烈地打了三年后才偃旗息鼓。

但西北航道热于1745年再次兴起，那一年通过了一项议会法案，奖励发现者2万英镑。到了这个时候，人们本应该都知道哈得逊湾几乎完全是一个被陆地封锁的海湾，只能从东部（即欧洲）和北部（即北极）进入。尽管如此，该法案仍坚持向西或向南找到通道——也就是说，正是在其不存在的两个方向上，就如米德尔顿船长自1741年探险以来，一直试图以他本身所了解的东西来说服公众那样。然而，既然这种说法似乎令人难以置信，因此让该法案不言自明。

> 若吾王之臣民的任何船只找到并驶过哈得逊湾与美洲西部和南部海洋之间的任何海上通道，船主将获得2万英镑的奖励……但前提是，本法案中的任何规定均不得以任何方式损害属于哈得逊湾贸易的英格兰总督和冒险公司的任何部分财产、权利或特权。

让读者看一眼地图，亲眼看看在这种明智的措施下，公司的利益有多么安全。1746年，两艘耗资1万英镑的船舰被派去寻找航道。但他们在纳尔逊港过冬后，几次试图穿过大陆却徒劳无功，因此他们于次年返航，"非常灰心丧气且又落寞无功"。结果，好多的钱又打了水漂，事实上无望的探索在最终被放弃之前，发生了不止一次。

魁北克的沦陷以及而后加拿大的衰落，是哈得逊湾公司的历史转折点。我想如果法国仍然据有圣劳伦斯，他们能否开发出如此瑰丽的属地资源是值得怀疑的。他们对这片属地自身广大地区的权利肯定会受到他们不安分的和不讲武德的邻居的争抢,因为《乌得勒支条约》任命的委员会在解决法国和英国属地边界问题上一无所获,这让人们记忆犹新。这意味着法国人无意解决边界问题,除非图他们自己方便按他们画的道走——也就是说,通过他们对劳伦特盆地以北的所有土地的所有权的主张,从而把这家公司用一条狭窄的传统路线限制在海湾沿岸零星分布的要塞和工厂之内,才是法国人想要做的。

在这里,他们可能在一段时间内继续与少数几个沿海部落进行懒散的以物易物贸易。但他们永远不可能希望与内陆地区建立稳固的商业关系,更不用说与法属加拿大捕猎者和射猎者的精彩角逐相竞争,来取得在毛皮贸易中的任何重要份额,法属加拿大猎人已然穿行于无边无际的西北大草原,进入无路森林的深处,穿过陆上运输线,在向西延伸至萨斯喀彻温(Saskatchewan)和上密苏里(Upper Missouri)支流的广阔湖区的每一个湖泊和溪流中航行,向北至麦肯齐河(the Mackenzie)的源头。他们甚至早在 1752 年就在落基山脉的东山脚建造了一座要塞。[1]

但随着法国人撤离,一切都变了。再也没有边界的问题了,世界上最好的狩猎人——法属加拿大捕猎者转而为公司服务,进而使公司能够立即有效地确立其对卡罗琳特许状中大量条款所涵盖的数百万平方英里的广阔领土的主张。粗略地说,这片领土从哈得逊湾向西延伸到落基山脉甚至更远。确切地说,实际上是从大西洋到太平洋,从劳伦特的"高地"向北到冰封的大洋。

1　H.H. 班克罗夫特,《北美太平洋国家史》第 22 卷,第 28 页。

那些吹毛求疵者和语言粗暴者在议会里里外外不断抱怨公司过去没有采取任何行动,也没有采取任何措施开放内陆贸易就自然应该取缔他们的特权,让私人冒险家有机会展示他们的能力。这些抱怨是在一个几乎不可能将其业务扩展到内地的时候提出的,就像发现西北航道也是不可能的一样,他们也因为隐瞒了这些东西而受到谴责。但是,当时机随着《巴黎和平协定》(Peace of Paris,1763年)而来时,沿海地区和内陆地区的贸易关系发展得非常之快,以至于在下一次法国战争(1778—1783年)期间,该公司可以承受50万英镑的损失。他们的工厂在1782年被著名航海家拉普鲁斯(Lapérouse)率领的法国海军中队造访并再次被突袭。

当时英国在"光荣孤立"(splendid isolation)政策中与一个武装的世界在作战。因此那些震慑人心的战争事件中,拉普鲁斯的这次远征普遍没有引起历史学家们的注意。这是因为它是在法国海军舰队司令罗德尼(Rodney)率领的法国西印度舰队一败涂地之后,才计划好并成功付诸实施的。正是在这种情形下,位于丘吉尔河河口[1]的威尔士王子港(Port Prince of Wales)的大要塞,在法国船长的首轮叫阵后,总督塞缪尔·赫恩(Samuel Hearne)率队投降。

由于这一事件的缘故,作家们对情况一无所知,就盲目地互相抄袭,如赫恩的历史记录充斥着大量的口诛笔伐。对此,安德森的继承者库姆(Coombe)正确地阐述了这些问题,他正好生活在那个时代,所以能准确地告诉我们,公司在哈得逊湾"拥有其中六座被称为要塞的建筑,不过就是在主河道入口处建造的工厂。这些建筑物必须得坚

---

[1] 见上文。

固，能抵挡恶劣的气候和其他危险，还得配备大炮以赢得来自最偏远地区不同民族的野蛮人的尊重。但他们在这些要塞里没有一个士兵，而公司在这么多站点所维持的各种名义的店员、文员和仆人的总人数也不超过120人。因此，法国人在没有抵抗的情况下登陆，摧毁了定居点、要塞、商品等，金额约为50万英镑（sterling）。随后，法国指挥官于9月初启航前往欧洲"[1]。在其他地方，这位作者将这次远征描述为"只不过是以大欺小而已"，其唯一的目标是破坏和掠夺，在这方面它确实也取得了显著的成功。罗德尼（Rodney）、胡德（Hood）和德雷克（Drake）在西印度群岛（West Indies）取得辉煌胜利后，英国在美洲水域也确立了海军霸主地位，因此不试图夺取哈得逊属地或永久占领这些据点不可能的。

这是最后一次在哈得逊盆地看到敌对的法国舰队，此后公司的麻烦主要是我们自己的人。

他们与土著人从未发生过纷争，与这些原住民的交往持续了整整200年（1670—1870年），呈现出一幅在国际关系史上绝无仅有的和谐与友好的画面。与英国定居者和圣劳伦斯河以南的印第安人之间直到19世纪末还持续不断的冲突和流血的场景相比，此画面更加引人注目。美国在印第安战争上花费了超过1亿英镑，在从一个大洋延伸到另一个大洋的广阔领土上，几乎没有一平方英里的土地没有被北美印第安人的血染红。但在加拿大线以北，阿萨巴桑部落或阿尔冈昆部落与"乔治国王的人（King George's men）"之间从未发生过任何敌对冲突。公司的人很熟悉这样的称呼，相比于此，那些人被叫作"波士

---

1 《费德拉》第六卷，第560页。

顿人（Boston men）"，也就是来自太平洋沿岸新英格兰的那些野心勃勃的商人和投机者。该公司的属地也不是靠军事占有，因为无论是公司还是英国政府，都没有花任何钱来维系这众多部落的和平统治。

这些结果在很大程度上可以由北部和南部推行的不同政策来解释，但也不能忘记这些政策本身在很大程度上是由各州和哈得逊湾地区的不同情况决定。美国政府对其印第安臣民的态度无须在此讨论，这是众所周知的问题。我们更关心的是公司和王国从一开始就对"我们的美国臣民"采取的政策，正如官方文件中对当地人的称呼，表明他们被视为人类，有权受到公正对待，这种待遇很快带来了回报。在其存在的第一个时期（1670—1763年），该公司在一定程度上受当地人的支配，因为公司的人无法在不与更熟练和专业的法属加拿大航海者（船夫）和森林护林员（coureurs des bois）发生冲突的情况下在沿海地区或距海岸较远的森林地区狩猎和捕鱼。因此，他们不得不依赖印第安人来供应他们毛皮，而这一点只有在以公平交易为基础上才能实现。

现在，已成为传统的相同政策在法国人撤离后继续推行，当时该公司的业务已扩展到内陆地区。针对行政服务人员的训练有一种做法，而且现行命令也是由此产生的，即印第安人不得以任何方式受到欺骗或伤害——他们在痛苦中得到解脱，即使没有很好的回报前景。如果他们有不当行为，要从宽处理，而不是对每一个小偷小摸或暴力行为不加区分地枪杀。其他更有效的手段被采用来维持秩序并培养当地人的信心。所有被盗物品都必须归还，犯罪分子必须交给公司的代理人进行惩罚，否则窝藏这些的部落将被切断商业往来，要塞大门也将对他们关闭。还为抓获不良分子提供奖励，可以举出无数的例子，

"罪犯被追踪数千英里,公司的一名官员独自进入敌对营地,并枪杀凶手,然后安然无恙地走开。这种惩罚的确定性以迷信的全部力量作用于野蛮的心灵。重罪犯在白人的正义面前颤抖,就像在全能者面前一样"[1]。

公司鼓励公司男人和本地女人结婚,这样就出现了一代讲英语的混血儿,他们与更古老、数量更多的加拿大法语混血儿形成一些奇怪的对比。在父亲方面,他们主要是苏格兰人(高地人)、奥克尼群岛人和爱尔兰人的后裔,但很少有英格兰人,其中一些非常能干的人在公司服务中担任重要职务。通常,所有的混血儿都继承了他们西印度母亲根深蒂固的激情;一般认为,"虽然法国父亲的儿子们轻浮而奢侈,苏格兰人的儿子们却经常被认为是古板保守、做事慎重以及节俭的。混血儿是个大家族,虽然他们天性是印第安人,但善良好客。且女人比男人好——她们是好妻子,而且非常节俭"[2]。

上面说过,法国人消失后,公司面临的困境主要在于我们自己。这些困境逐渐呈现为一场极其痛苦的内战,几乎在《巴黎和约》(1763年)签订后立即开始。当时,蒙特利尔和上加拿大的周边地区迅速被英国殖民者占领。这些新来者很快发现,最快的致富之路是皮毛贸易。因此,他们不顾该公司在加拿大旧边境以北无边无际的地区真正或假装的独家垄断权,在1766年就开始蜂拥进入哈得逊湾领土北部的"野生动物保护区"。

起初,他们以私人商人和捕杀动物者的身份出现,但很快就发现有必要联合起来进行自我保护,以对抗公司的"专横的诉讼"。当

---

1 H. H. 班克罗夫特,《北美太平洋国家史》第二十二卷,第538页。
2 H. H. 班克罗夫特,《北美太平洋国家史》第二十二卷,第544页。

时，公司强行警告所有的入侵者，要求他们离开。这就是著名的西北公司在1783年的起源。但该公司从未获得特许状，也没提过要求，该公司从一开始就根据自由和开放贸易的原则建立，符合在《权利宣言》（1689年）中提出的所有英国臣民的特权。

图4 哈得逊湾公司发行的货币

加拿大公司的总部位于蒙特利尔，由一些苏格兰定居者公开组织，目的是继续做由法国殖民者发展起来的毛皮生意，许多后来成为英国臣民的法国人仍然参与其中。

通过这些合作伙伴的影响，新公司很快就获得了许多法属加拿大代理、航海者和盗猎毛皮贩子的支持。再加上苏格兰创始人的精明和投资资本，恰可解释其业务在英属北美西部省份发展的惊人速度。早在1766年，一小群苏格兰人在加拿大船夫和向导的帮助下，在大西洋麦基诺岛（Mackinaw）建立了第一个内陆殖民地。不久之后，托马斯·库里沿着古老的法国-加拿大小径穿过劳伦分水岭，一直到波旁堡；而詹姆斯·芬利（James Finlay）则向西进入萨斯喀彻温河上最远的法国车站尼帕韦（Nipawee）；约瑟夫·弗罗比舍（Joseph Frobisher）向北推进，越过哈得逊湾领地中心的丘吉尔河（1775年）。

在1783—1784年冬天由西蒙·麦克塔维什（Simon McTavish）、本杰明、约瑟夫·弗罗比舍、麦克吉尔夫雷（McGillivray）、勒塞博拉夫（Rechéblave）、塞恩（Thain），以及其他一些富有且具有影响力的蒙特利尔苏格兰商人组成的新协会，已为合并所有这些试探性努力做好了准备。但是，彼得·庞德（Peter Pond）和彼得·庞曼（Peter Pangman）这两个满怀怨恨的人立即表示了反对。当庞德和解后，庞曼挺身而出，与格雷戈里（Gregory）和著名探险家亚历山大·麦肯齐（Alexander Mackenzie）联合成立了竞争性的X.Y.公司。1787年，这两个机构之间更是发生了一场伴随着流血的激烈争斗。当时，虽然实现了暂时的和解，反对派以平等的条件进入了印第安人之中；但是，一些最初的合作伙伴在1790年复兴了X.Y.公司，他们在苏必利尔湖西北侧的大波蒂奇建立起属于自己的地盘，并一直保持着不友好的态度，直到1805年进行了最终的融合。然后，边界委员会发现位于美国领土内的大波蒂奇旧要塞被拆除，取而代之的是威廉堡。今天，它仍然矗立在悬崖上，它在苏必利尔湖北边，那里卡尼米斯蒂亚（Kanimistiquia）河流入桑德贝。这座要塞是为了纪念威廉·麦克吉尔夫雷（William McGillivray）而命名的，正是他引入了合作制度。凭借这种制度，高效的文员在适当的时候成为合伙人或股东。

随着这个著名的约会场所的建立，加拿大公司的人与欧及布威族印第安人、克里人和周边地区其他印第安部落可以进行集会。自由联合体与特许的哈得逊湾公司之间开始了一系列公开冲突，这种冲突一直持续着，几乎没有中断，直到1821年由王国政府介入才将竞争公司合并为一个整体。塞尔柯克（Earl of Selkirk）伯爵的苏格兰定居者入侵红河谷（1812年），使事情变得尖锐起来，这被特许人视为鲁珀特地区（Rupert Land）向西的延伸，因此也成了他们领地的一部分。

起初，这种对抗的形式是鲁莽的竞争政策，垄断者试图通过在站点出高价和低价的惯用手段将加拿大人赶出该领域。为此，他们发布了一项命令，无论敌人在何处设置岗哨，旁边一定要另设一个。这样的政策必然会招致报复，从而导致公开战争的状态，有时伴随着突袭、凶杀甚至激战。

甚至在塞尔柯克伯爵的殖民者出现在红河区之前，就已经在不同地点发生了一些个人遭遇。红河区是伯爵从哈得逊湾公司手中购买的，目的是清理土地，并在遥远的西部地区建立一个农业文化定居点。但该计划遭到"灰军"的强烈反对，因为西北人是被称为与"蓝军"或哈得逊湾人形成对比的。之所以如此命名，是因为两个协会的官员分别穿着那种颜色的制服。"蓝军"对这片土地的要求受到质疑，因为它位于他们专属领地的西部。无论如何，他们无权转让如此的大部分共同野生动物保护区。如果这个过程继续下去，毛皮动物一定会迅速消失，特许公司和自由公司的资源也会随之消失。

因此，公开的敌对行动现在爆发了。在极度和平的时代，人们见证了同一社团的两个部分互相发动激烈战争的奇异景象。塞尔柯克伯爵的人四处遭到袭击，被赶出他们的租住地，而农庄、车站、要塞和工厂都被裹挟着毁于一旦。这场冲突在整个西部地区以持续不减的态势继续进行，最北至阿萨巴斯卡湖（Lake Athabasca），克拉克（Clarke）先生在那里被围困，并在因饥饿失去了17个忠实的"蓝军"后被迫投降。尽管加拿大总督发布各种公告，扬言以法律报复所有扰乱和平的人，但敌对行动仍以有增无减的势头持续了数年。在此期间，要塞遭到袭击，人员被杀，两家公司面临即将破产的威胁。但是在1816年发生了一场危机，当时亚历山大·弗雷泽（Alexander Fraser）和卡特伯特·格兰特（Cuthbert Grant）领导的"灰军"的一队人马沿着齐拉佩尔河顺流而下时，受到道格拉斯堡总督森普尔（Semple）的偷袭，并以屠戮几乎所有人作为回应，其中包括总督本人，怀特博士（Dr. White）、麦克莱恩（McLean）、罗杰斯（Rogers）、霍尔特（Holt）、威尔金森（Wilkinson）以及其他18位不那么出名的人。

接下来的四年，是几乎同样的灾难性诉讼、起诉、对所有权契约的调查和其他烧钱的法律程序，在双方花费超过5万英镑之后，事情仍旧。"蓝军"仍然控制着鲁珀特陆地，"灰军"仍然对他们的独家贸易权提出异议，并且仍然拿走了贸易的最大份额。最后双方终于开始意识到，是时候停止这场生死搏杀了。和平委员会马上站了出来，战事随即因1821年3月26日的单方契据投票法而结束。根据其法令，"蓝军"和"灰军"合并为一家机构，并被授权像以前一样以"英格兰向哈得逊湾贸易的商人冒险家"的名义进行专属贸易。同年7月2日通过的议会法案完善了该联盟，该法案旨在规范毛皮贸易，并在英属北美仍然未解决的地区建立民事和刑事管辖权，现在这些地区实际上已构成了联合公司的领域。

尽管内乱长期盛行，但这一领域逐渐被由两个对立的协会向北扩展到北冰洋，向西越过落基山脉到太平洋沿岸。就这样，最初的哈得逊湾和西北公司不仅在现在的不列颠哥伦比亚省和温哥华设有站点，而且遍布整个俄勒冈地区——后来被其他边界委员会转给美国。因此，在极北地区与当时阿拉斯加的所有者俄罗斯人有共同边界，同时在极西南地区与"波士顿人"进行激烈的争夺霸权的斗争，"波士顿人"在哥伦比亚地区建立了阿斯托里亚和其他贸易站。斗争的主要地区是阿斯托里亚，它的名字来源于它的德国冒险家创始人，他为在纽约和泰晤士河谷的后代仍然享有的巨额财富奠定了基础。这座建于1811年的城堡于1813年被阿斯特（Astor）公司以1.6万英镑的价格卖给了西北公司，并最终根据1818年的条约转让给了它的原始所有者美国人。

在1821年的安排中，有一个新的特许状，联合公司通过该特许状将其在其广阔领土上的独家贸易再延长了21年。事实上，权利宣言中提到的垄断已经无效，至少在1842年之前，而且1834年通过的另一项法案也证实了这一点，以进一步规范整个公司的毛皮贸易。

因此，公司的特权一直没有受到挑战，直到1859年垄断被宣布为非法。但是仍然存在某些权利，或者至少是主张和既得利益。然而，这些权利在1869年全部交给了新成立的加拿大自治领。这一次做出了一项非常有利可图的安排，公司放弃了所有隐蔽的特权，以换取约30万英镑的赔偿金，以及在该地区最肥沃的地区绝对授予的700万英亩土地。他们还同意保留所有"要塞"或"贸易站"的所有权，每个围场周围有60英亩的空间。通过这些谈判，避免了未来诉讼的所有危险，同时数亿英亩壮丽的耕地（马尼托巴湖、阿西尼博亚等）也立即开放用于自由贸易和定居。现在，加拿大太平洋铁路线干线早已穿越这些土地。

另一方面，该公司作为一个强大的自由贸易协会，尽管放弃其专有特权竟也几乎没有损失。他们最丰富的猎物保护区位于更远的北方，这些土地几乎不适合定居，实际上垄断者仍然是该协会。在这里，他们继续持有这些站点，这对于盈利的毛皮生意来说是必不可少的。在这里，他们的运行系统得到了彻底的重新组织，而他们对捕猎者、向导、船夫、翻译和周围印第安部落的影响是无限的。因此，"尽管所有限制都已取消，但与亚大巴斯卡河–马更些河印第安人自由交易的理论权利迄今尚未吸引任何外部投机者，他们几乎不可能希望与几代人的资本家协会成功竞争——这些资本家控制着一个面积六倍于法国的地区中的所有捕猎者。官方对英国领土垄断的镇压并没有扰乱这些北方地区的贸易关系，当地人自己可能对事情的变化情况一无所知"[1]。

1　《勒克吕》第十五卷，第 198 页。

第十章

北美十三州的由来：
弗吉尼亚和新英格兰诸公司

/////

18世纪前，英国占领了从拉布拉多到佛罗里达的东大西洋沿海地区。现在人们已普遍承认，整个海岸是由卡伯特父子首先发现并进行初步勘测的。父亲乔瓦尼（Giovanni，约翰）出生在威尼斯，后来他入籍为英国国民，并成为布里斯托尔市的一名商人。他的儿子塞巴斯蒂安（Sebastian）虽是当地人[1]，但也必须承认他后来的几次探险都效力于西班牙。

1496年，英国王室授予卡伯特首个特许权，目的在于发现新大陆，并在新大陆进行贸易和殖民。事实上，从特许状的大意来看，其内容全面，但不可避免地有些含糊，主要目标是发现西班牙人在低纬度地区未能找到的前往亚洲的西部路线。

因此，亨利七世授给这些布里斯托尔商人冒险家一切权力和权威，"使其可以在东部、西部和北部海域的所有港口、国家和海湾航行。悬挂朕的王旗、国旗和军旗，携五艘船舰，并且带数量多到他们认为合适的水手及人员，自行承担费用，去寻找发现和调查任何岛

---

[1] 指英国布里斯托尔。——译者注

屿、国度和地域，或是异教徒、不信教者的外邦，包括坐落于世界任何迄今基督世界所未知之地，他们都有权在任何他们发现的城镇、城堡、岛屿，或大陆上的国家树起朕的旗帜。在朕看来，大部分被他们发现、征服的上述城镇、城堡或岛屿与朕的封臣、总督、代理，占据其领地、封号和管辖权，以及被发现的新大陆，只要卡伯特和他的儿子们（路易斯、塞巴斯蒂安和桑西奥）的航行和探险产生了利润、报酬、优势、收益和产品，一旦返回布里斯托尔港，他们也绝对应当驶入此港。在扣除所有必要的成本和花销后，必须以商品或货币的形式向我们支付每次航行的所有利润、报酬、优势和收益的五分之一。卡伯特家族进口的货物应免除一切关税。未经卡伯特和他的儿子们的许可，朕的任何臣民不得频繁出入或造访他们将来探索并征服来的土地，否则将被处以罚没财产"[1]等。

他们的第一次航行（1496年）中，有三艘船"满载着粗制和细制的货物"，抵达了拉布拉多的北部；从那里，他们"沿着美洲海岸向南航行，直到古巴岛，然后回到了英国"。[2]因此，他们没有找到去"中国和香料群岛"的路，而是像哥伦布本人一样，发现了美洲沿海的一大片地区，并将其命名为"普利玛维斯达"，或称第一眼（First Sighted）。令人欣慰的是，在大西洋水域探险了半个多世纪后，塞巴斯蒂安退休了，退休后他靠着1549年爱德华六世授予他的166镑13先令4便士退休金过得很好。

不过，他的两位声名显赫的继任者——汉弗莱·吉尔伯特爵士（Sir Humphrey Gilbert）和他的同父异母的兄弟沃尔特·雷利爵士

---

[1] 《费德拉》第八卷，第595页。

[2] 福克斯船长的话，转引自《商业起源》第一卷，第724页。

（Sir Walter Raleigh）的命运就大相径庭了。在为英国殖民帝国奠定基础的过程中，他们都早早与母国切断了联系。自从发现纽芬兰岛（1496年）以来，英国人、法国人、西班牙人、巴斯克人、葡萄牙人等西方海洋民族经常光顾纽芬兰岛的海岸。我们从哈克路伊特那里得知，"英国人拥有最好的船只，因此常常把自己的法律强加给其他国家的人，成为海湾区他国的保护者。这在当时和过去都是一种传统，类似于承认他们作为"旗舰"一样。比如，装一船的盐，以保护他们不受经常把他们赶出良港的海盗和其他暴力入侵者的袭击"等。这是在1578年。

同年，为了在该地区进行新的发现并建立殖民地，汉弗莱·吉尔伯特爵士获得了伊丽莎白颁发的特许状，但他并未马上行动，而是到1583年才出航。当时，在那些英国"旗舰"的协助下，他本人以英格兰王室的名义占领了纽芬兰。尽管不喜欢这种前途渺茫的预期，但他随后还是向大陆航行。在损失了绝大部分舰队，只剩下一艘大船和一艘十吨的舰载艇外，也没有在海岸任何地方建立定居点，于是他不得不返航。之后，由于他"不肯让比他级别低的船员冒比自己更大的危险，他选择了乘坐小船，而不是更安全的大船。一场可怕的暴风雨来临时，他平静地坐着看书以鼓励船上其他的人，有人听见他对他们喊道：'我们在海上和在陆地上一样接近天堂。'那天晚上，那些在大船上的人看到小船的灯光突然消失了"[1]。

1　亚克·哈里斯·巴顿著《美国的历史》，第39页。

弗吉尼亚公司

沃尔特·雷利并没有因为这次失败而气馁，他仍旧全身心投入其中。就在第二年（1584年），他从伊丽莎白那里获得了在北美建立殖民地的特许状，因此便派他的朋友亚瑟·巴洛（Arthur Barlow）和胡格诺教徒菲利普·阿米达斯（Philip Amidas）前往那里做初步的调查。在探查了阿尔伯马尔湾（Albemarle Sound）和帕姆利科湾（Pamlico Sound）后，他带着一份有利的报告回来了。女王也许是根据雷利的建议，将整个地区命名为弗吉尼亚，并立即将其设立为界限未知的殖民地，随后又任命拉尔夫·莱恩（Ralph Lane）为第一任总督（1585年）。

最初，人们认为这个殖民地包括从佛罗里达到圣劳伦斯河，乃至拉布拉多的整个沿海地区。但人们很快发现，将这个殖民地分为两个部分管辖更方便，即今天分别称作南弗吉尼亚州和北弗吉尼亚州的由来，分界线是一个与现在的特拉华州、纽约州和新泽西州相对应的中立区。记住这一点，读者就会更容易理解王室和殖民者自身与各种特许公司之间颇为错综复杂的关系了。当时，这些公司是为了殖民和开发大西洋海岸的资源而迅速成立的。关于殖民地本身的历史，我们在这里并不关注。

在这里，应该区分授予英国贸易公司的特许状和授予定居者本身的特许状。前者总体上是有害的，而后者往往是有益的，它作为保护他们免受王室和总督们的压迫或违宪措施的法律文书而备受推崇。总体来说，第二类特许证应该单独授予，或者至少其他特许证应该在殖民者觉得自己强大到足以自治后，便立即予以撤销。事实上，这是一种自然的趋势，贸易协会的控制权最终被各地的代表大会所取代。

但这种变化并非总是在没有相当大的摩擦的情况下实现的，这是因为英国政府迟迟没有意识到殖民地和母国之间最初应该存在哪种关系。如果这些殖民地过去被视为英格兰在海洋之外的延伸，正如西利教授在《英格兰的扩张》（*Expansion of England*）中明确指出的那样；如果18世纪的统治阶级掌握这一明摆着的事实，那么也许就不会发生美国革命了。

伦敦公司

在西北大西洋水域的早期英国海员中，最成功的是巴塞洛缪·戈斯诺德船长（Captain Bar-tholomew Gosnold）。[1]他在17世纪初进行了几次顺风顺水的航行后，于1606年从詹姆斯国王那里获得了在这些地区进行独家贸易的双重特许状。第一份特许状称其为南弗吉尼亚公司（South Virginia Company），后来又称作伦敦冒险家公司（London Adventurers' Company），公司占地包括现在的南卡罗来纳州、佐治亚州、弗吉尼亚州和马里兰州，主要的特权持有者是托马斯·盖茨爵士（Sir Thomas Gates）、乔治·萨默斯爵士（Sir George Somers）、爱德华·金菲尔德（Edward Kingfield）和著名的威斯敏斯特议会议员哈克路伊特先生。第二份特许状名号是普利茅斯探险者（Plymouth Adventurers）公司，占领包括现在的宾夕法尼亚州、新泽西州、纽约州和整个新英格兰地区。

尽管定居点得到了提升，但这两个特许状基本上都属于专属贸

---

[1] 作为第一个成功尝试穿越大西洋的短航线的航海家，这位现在几乎被遗忘的先驱应该被铭记。到目前为止，这条航线一直由加那利群岛和西印度群岛绕过，到达西北大西洋沿岸。1602年，他直接驶向新英格兰海岸，在七周内抵达纳罕特附近的一地，随后发现了科德角、玛莎葡萄园和其他邻近岛屿。

易类别。因为当时在海岸上还没有建立永久殖民地。事实上，英国的第一个殖民地是詹姆斯敦（Jamestown）。它是在1606年由伦敦公司在切萨皮克湾（Chesapeake Bay）的波瓦坦（詹姆斯）河口附近建立的。

与此项事业相关的还有一些值得纪念的名字，如约翰·史密斯上尉、托马斯·戴尔爵士（第一任总督）、南安普敦伯爵（莎士比亚的朋友、亨利·里奥斯利阁下）、埃德温·桑蒂斯爵士、约翰·丹弗斯爵士、莫里斯·艾伯特爵士、艾德曼·艾比议员、珀西先生（诺森伯兰郡伯爵的兄弟），甚至还有大法官弗朗西斯·培根爵士，他在这个时候写了一篇题为《新殖民地》的文章。

沃尔特·雷利爵士并没有出现在这个协会名单中，因为他已经被可耻的斯图亚特首君委以重任。然而应该指出的是，1606年的特许状实质上是对1584年授予雷利时运不济的罗阿诺克（Roanoke）探险（1587—1588年）的确认，雷利现在已经将其所有特权以非常自由的条款转让给了伦敦公司。尽管不幸的罗诺克定居者的全部消失打破了殖民的连续性，但雷利将专属权转让给新协会的做法，在一定程度上有效地使殖民具有连续性。

从那些条款中可以看出，第一份特许状是多么的排他，这些条款授予沃尔特爵士和其他人对"他们未来六年内发现的那些遥远土地的所有权，因此他们将永久获得这些土地的所有权。但他们必须将其中发现的所有金银矿石的五分之一保留给王室，有权扣押所有船只及其货物，使其得到适当使用，这些船只及其货物不得离开该预定定居点200里格范围内的种植园，但女王的臣民和盟友在纽芬兰岛捕鱼除外"[1]。然而，所有"种植园主"（定居者）及其居住在该国的后代都可以获得免费的"居留"（住所），尽管还没有提到代议政府，甚至没有提到市政权利。而特许协会有权制定"与英国法律不抵触的章程"。毫无疑问，这里提到了两个管理"委员会"：一个居于英国，另一个在殖民地。而这两者都是由国王任命的。因此第一批定居者在选择自己的法官时没有表决权。在宗教问题上，他们也不允许沉迷于任何神学分支，而是绝对遵守英国国教的教义。总而言之，只要未来的殖民者能够不违反王室的特权和公司的垄断，他们就会被视为自由的英国人。

关于北弗吉尼亚和南弗吉尼亚之间的中立地带——也就是说从波托马克河延伸到哈得逊河口的地区——根据双重特许状的规定，两个公司可以根据许可在离边界50英里以上的地方建立殖民点。可以这样说，这个地区后来与南北弗吉尼亚脱离了，独立的特许状将其授给了马里兰和特拉华，但并未授予纽约州。当这个州从最初建立它的荷兰人手中夺来时，向贸易协会或定居者颁发特许状以使其足够自强的时代已经过去了。

1609年，伦敦公司的特许状被认为有部分不可行，于是开始大加修改，改为理事会今后由股东们选出，此外理事会还将有总督的任命权，而总督仍然保留着近乎绝对的权力。移民们还没有获得任何特权，因此只能听凭总督的摆布。可是总督本人也是一个没有灵魂的公司的代理人，其主要作用就是获得利益。他们在这一时期的行动，就是把一群不中用的移民、流浪的绅士、游手好闲的人和淘金者派遣到

---

[1] 《商业起源》第二卷，第210页。

殖民地，而不是体面的公民、农民和技工，这一举动无疑起到的是阻碍殖民地自然发展的作用。然而，在1609年殖民地濒临毁灭之际，开明的特拉华勋爵被任命为总督，此举在很大程度上减轻了由此产生的恶果。

1619年，接替他的是同样能干的总督乔治·耶尔德利（George Yeardley）。他受该公司的委托，授给殖民者们一个很大程度上的代议制政府。1619年7月，由民众选出的22名议员组成的移民议会（House of Burgesses）首次召开会议。可以说，这绝对是新世界的第一次立法会议。议会每年召集一次，"颁布任何被认为对我们的生存有益的法律和法令"，尽管一开始总督和理事会都参加了审议。

此外，殖民地立法机构通过的法律必须得到驻英公司的认可。我们也知道，王室的干预受到限制，因为国王采取的任何措施都必须得到移民议会的批准。因此，情况一直持续到1624年，詹姆斯专横地剥夺伦敦公司的特许，从而解散了公司。

这一高压政策的直接结果，是将南弗吉尼亚变成皇家或王室的殖民地。这一点从查理一世1625年发布的新定居点公告中耐人寻味的摘录中可以看出："在父王陛下的时代，弗吉尼亚（伦敦）公司的特许状是基于特权令而被撤销的。而其上述的父王，以及他本人，则认为殖民地的政府是由一个公司组成的。公司人员的构成来自社会的三教九流，至关重要时刻的大事都是由这些人中的大多数来投票决定的，这对于殖民地事务的繁荣发展是不太合适的。因此，要将其管辖权缩减至最符合其君主政体的形式。同时也要考虑到朕拥有弗吉尼亚和萨默群岛（百慕大）的领土，以及新英格兰新近开拓的领土，其范围是朕皇家帝国的一部分。对此，朕决定弗吉尼亚殖民地的政府应立即依靠朕本人，而不应交托于任何公司或法人。我们可以把贸易和商业事务托付给它们，但不能把国家事务托付给它们。因此，负责这些事务的专员们将按照指示行事，直到朕在这里为该殖民地成立一个隶属于朕的枢密院的议会；朕还将另建一个委员会，设在弗吉尼亚，该委员会将从属于朕的殖民地理事会。

"朕将自费供养那些公职人员和官吏，以及保卫该殖民地所必需的人员、弹药和防御工事。朕还将解决和保障每个种植园主和冒险家的特殊权益。"

在国王的总督和理事会的要求下，还规定由王室为立法目的而定期召开殖民地议会的会议。这个最后的机构作为上议院自此独立行使功能，所有法律事务的最后申诉都要向议会提出。这样，正如我们将看到的，南弗吉尼亚与伦敦公司和所有专属贸易协会的联系就被关闭了，但与第二类特许状的联系仍未结束。

普利茅斯公司

1607年，普利茅斯公司（the Plymouth Company）在现今的缅因州肯纳贝克（Kennebec）河口建立殖民地之后似乎一直没有运作。直到1614年，在约翰·史密斯船长的带领下，一支探险队才在北弗吉尼亚建立了第一个永久殖民地。他们通过武力，得以与酋长（Sachems）或周围阿尔冈昆部落的首领达成协议。史密斯在勘察了内陆地区之后，把内陆的地图呈给了威尔士亲王查理，查理随即把这一地区命名为"新英格兰"。

这样就为这一地区真正的殖民者——清教徒的祖辈们铺平了道路。其实，他们原本是打算移民到南弗吉尼亚的，而且还在1617年得到了伦敦公司的允许,让他们在那里建立殖民地。由于国教教会方面的反对,公司内部出现了分歧。他们通过国务大臣罗伯特·南顿爵士（Sir Robert Naunton）获得了国王的同意和在北弗吉尼亚殖民的专属权。1620年,这里建立了新普利茅斯（New Plymouth）的第一个定居点,当时"他们通过一项正式文书建立了一个殖民地。在该文书中,他们宣布自己是英国王室的臣民,并郑重承诺绝对服从为殖民地的利益而制定的法律和规则;他们选出了自己的州长,任期仅一年"[1]。

但这一地区在普利茅斯公司的管辖范围内,他们从该协会的理事会获得了两项专属权,于1627—1628年授予约翰·罗赛尔爵士（Sir John Rowsel）、约翰·扬爵士（Sir John Young）和其他几位社会名流。其目标是把他们的殖民地扩大到马萨诸塞湾地区。这一步的目的是为正源源不断地涌入这个国家的清教徒们腾出地方。根据这些专属权,一项引人注目的协议激励了移民们,即资金将由公司配套,而移民将为公司效劳七年作为回报,同时这些服务将构成他们在协会中的股份。

然而,在确定王室、特许公司和移民者各自的权利方面遇到了很大困难。其中一些人按合同服务,一些人则在享受他们自制的宪法,宪法实际上是未到达美洲大陆时在"五月花号（Mayflower）"的船舱里起草的。

在普利茅斯公司的权限内,出于独家贸易的目的而为其他协会提供特权,加剧了局面的混乱。因此,早在1622年,一个对新普利茅斯殖民地感兴趣的伦敦商人托马斯·韦斯顿（Thomas Weston）,就获

---

1 《商业起源》第二卷,第383页。

得了在波士顿港当今的韦茅斯（Weymouth）附近的一小块地区与当地人进行贸易的特许状，他派遣了一些参差不齐的雇员和其他人来发展贸易。但是，他们与土著人进行贸易的想法是要欺负他们、偷他们的谷物和毛皮。土著自然对"韦斯顿人"的邪恶行径深恶痛绝，继而激起他们对所有殖民者的敌意。由此产生的混乱不应归咎于特许贸易公司，而是滥用皇家特权向所有申请人授予特许经营权，无视其他特许权拥有者的优先权利。

另一个麻烦的来源是英国商人不可理喻的行为。他们试图通过对移民所需的商品提出过高的要价，还越过移民直接与当地人进行交易，试图为投资获取的不多的利润作出自我补偿。但后来，清教徒的移民不仅战胜了所有困难，而且在几年的时间里让自己足够富有，可以买下普利茅斯公司的全部股票。这些股票和土地在所有移民者中平均分配，协会的每个成员都获得了一块永久土地。他们根据自由主义原则组建了政府。1640年，所有成年男性共同选出了他们的州长，而总督的权力受到五人委员会的限制。

马萨诸塞湾公司

在或是英国王室或是取代普利茅斯公司的普利茅斯议会颁发的许多重叠交叉的特许状中，时间最早也是最重要的，要数1628年为解决马萨诸塞湾移民问题的特许状。当时，议会授予多尔切斯特（Dorchester）一些绅士特许状。据了解，这是一条从海湾以南三英里延伸到梅里马克河（Merrimac River）任何部分以北三英里的狭长地带。按照当时的惯例，"腹地"一直延伸到太平洋，而太平洋可能在向西几百或几千英里的地方，尽管这与任何已知的情况不符。

与此同时，在约翰·恩迪科特（John Endicott）的领导下，在海湾上的塞勒姆开始了运营，许多有影响力的人物，如托马斯·达德利（Thomas Dudley）、约翰·温斯洛普（John Winthrop）、萨尔顿塔尔（Saltonall）、贝林厄姆（Bellingham）、约翰逊（Johnson）、西蒙·布拉德斯特里特（Simon Bradstreet）和威廉·科丁顿（William Coddington）都在参与此项事业。委员会的活动实际上被限于土地出售，且这种购买早已得到了1629年查理一世颁布的皇家特许状的确认。国王视殖民地为一个贸易协会，而非民间团体。根据这份支配马萨诸塞的行政机构超过半个世纪的特许状条款，法令生效不再需要王室的签署。

然而，对民众权利并没有作出规定。因此，只要特许状仍在英国，殖民者就不能参与管理自己的事务。但根据其中一项条款，理事会被允许选择会议地点进行业务交易，并利用这一条款出台了许多地方自治（Home Rule）措施。通过选择殖民地本身作为会议地点这一简单的权宜之计，理事会及其特许状从伦敦转移到波士顿，从而确立了实质性的独立。

1684年，当查理二世专断地强迫伦敦金融城交出所有的特许经营权时，马萨诸塞湾公司不得不与其他公司一起放弃特许权。但在1691年，该公司再次被威廉和玛丽以旧称进行了重组。然而，王室保留了总督、副总督、秘书和"旗舰法官"的任命，其他官员包括将由众议院提名的民政的和军事的官员，而且委员会也要由众议院推选。因此，此种事态一直持续到美国革命时期，且几乎没有变化。主要的改变是领土的性质，新罕布什尔作为王室或皇家殖民地从北弗吉尼亚分离出来，而康涅狄格和罗德岛则与"普罗维登斯种植园"一并成为特许殖民地。

康涅狄格和罗德岛的特许状

康涅狄格在1662年4月23日从查理二世那里获得了它的第一个"特许权状"。1614年荷兰人对这个州的河流进行了勘探，并在位于现今的哈特福德的附近建造了一座带防御工事的工厂。但由于人手不够，他们邀请了一些清教徒，由新普利茅斯来到这。

1633年，威廉·霍尔姆斯船长强行通过了这条河。受此影响，新阿姆斯特丹的荷兰人（后来的纽约人）将康涅狄格山谷拱手让给了清教徒。但普利茅斯议会已于1630年将该地区授予沃里克伯爵（Earl of Warwick），沃里克伯爵于次年将其专属权转让给萨伊（Lord Say）和布鲁克勋爵（Lord Brooke）、约翰·汉普顿（John Hampden）等人。授权的东部边界是纳拉甘塞特河，而西部只有太平洋。因此，小约翰·温斯罗普（John Winthrop junior）于1535年在康涅狄格河口建造的堡垒被命名为赛布鲁克（Saybrooke），这是后来纳塔尔布尔人（Boers of Natal）效仿的先例。他们将首府命名为彼得马里茨堡（Pietermaritzburg），以纪念他们的领导人彼得·雷蒂夫（Pieter Retief）和格夫里特·马里茨（Gevrit Maritz）。

1639年在哈特福德举行的一次大会，在与皮阔德印第安人的激烈斗争之后，公司制定了一部关于自由主义原则的宪法，以维护自治权，并拒绝王室对地方事务的任何管辖权。他们甚至不承认国王有权调查萨伊–布鲁克特许状的有效性，当他们担心有人试图将殖民地变成一个王室省份时，他们已经做好了准备。如果需要，就以武力捍卫他们的自由。

当普利茅斯、马萨诸塞、康涅狄格和纽黑文（New Haven）联合起来，以新英格兰联合殖民地的名义互保时，罗德岛被排除在外。这是因为纳拉甘塞特湾的移民拒绝承认普利茅斯的管辖权。因此，罗德岛人派遣罗杰·威廉姆斯牧师（Rev. Roger Williams）前往英国，寻求他们自己的特许状——这是他在1644年通过他的朋友哈里·瓦恩的影响从议会获得的，那时议会正在与查理一世的军队作战。这就是所谓的"普罗维登斯种植园特许状"，1663年它被查理二世授予罗德岛和普罗维登斯种植园的特许状所确认或取代。

康涅狄格于1662年获得了第一份皇家特许状，这两项专属权都是基于非常民主的基础，以至于在1733—1734年贸易委员会向上议院提交的关于康涅狄格和罗德岛两个殖民地的报告中写道："王室几乎将全部权力都下放给了人民。而且，就像他们的特许状所写的那样，他们确实可以在没有总督同意，并且直接违背他们的意见的情况下制定法律。在上述这些特许状中，作为总督，他们不能保留任何负面声音。"

1686年，当詹姆斯二世决定取消所有殖民地的特许状，并使其成为皇家行省的消息传来时，自然引起了全体的恐慌。埃德蒙德·安德罗斯爵士（Sir Edmund Andros）在那一年被任命为新英格兰总督，在他的行政当局的领导下竭尽全力地实施这一疯狂的政策。甚至房产的地契也被宣布无效，因为它是根据一份目前已被没收的特许状而获得的。

安德罗斯亲自前往罗德岛和康涅狄格，夺走他们的特许状并使其章程失效。他在这两点上都失败了。另外，在康涅狄格的情况值得记录一下。当时，议会以敬重的态度接待了他，关于放弃特许权的讨论一直拖到晚上，并在烛光下继续进行。那时，那份价值连城的文件

第十章　北美十三州的由来：弗吉尼亚和新英格兰诸公司 / 171

放在桌子上，但当安德罗斯试图把它夺过来时，蜡烛突然灭了。当重新点燃时，特许状再也找不到了。特许状被威廉·沃兹沃斯船长（Captain William Wadsworth）带走了，藏在山谷里，现在已成为历史上著名的"宪章橡树（Charter Oak）"。安德罗斯勃然大怒，在议会的记录簿上写下了"终结（Finis）"。事实证明，这个词是有预见性的。这个终结，不是人民权利的终结，而是斯图亚特王朝的终结。因此，《康涅狄格大宪章》得以保存，在美国独立战争后，它在国家档案馆中找到了一个安身之处。

新英格兰在特许的各种体制的政府中是如何表现的？威廉·道格拉斯（William Douglas）博士在他的《第一次种植的历史和政治摘要》（*Summary, Historical and Political of the First Planting*）（波士顿，1751年）中告诉我们，马萨诸塞州当时有20万白人居民，其政府属于王室，但在财产权利方面代表民众。康涅狄格和罗德岛分别有10万和3万白人居民，从政府和财产两方面都能代表民众的权益。新罕布什尔有2.4万名白人居民，政府和财产都属于王室。可见，当时新英格兰的人口总数为35.4万人。

到这时，缅因和佛蒙特作为独立的省或州的历史尚未开始。在这里，我们也不必被马里兰和宾夕法尼亚在巴尔的摩勋爵和威廉·彭斯的特许状下的殖民地所羁绊。这些都是通史，与特权公司、独家贸易和垄断没有什么特别的关联。但卡罗来纳和佐治亚的情况并非如此，他们的早期记录显示出许多令历史学者非常感兴趣的特征。

卡罗来纳的特许状

卡罗来纳特许状确定的殖民地相当于现在的北卡罗来纳州和南卡

罗来纳州以及佐治亚州，在1629年第一次以卡罗拉纳（Carolana，后来的卡罗来纳）的名称组成一个独立的省份，当年被查理一世永久地授予罗伯特·希思爵士（Sir Robert Heath）和他的继承者们。这可以从《费德拉》一书中看到。在此处，国王还确认了罗伯特爵士任命休·拉米（Hugh Lamy）担任"卡罗拉纳"税收总干事的职务。此外，理论上该地区包括密西西比河以西的所有领土，后来法国人占领此地并称之为路易斯安那。事实上，卡罗拉纳其实是法国人首先勘查并命名的，名称为的是致敬他们的国王查理九世。而这一称号因为同样适用于英国的国王查理一世，也是被英国人所接受的。

随后，罗伯特·希斯爵士（英王的司法部部长）将整个省交给了阿伦德尔伯爵（Earl of Arundel），他甚至还在一些地方开始垦殖，但内战阻挡了进一步发展。就这样正式特许状的颁发被耽搁了。1663年，查理二世把正式的特许状颁给了掌玺大臣克拉伦登（Lord Chancellor Clarendon）、阿尔伯马尔公爵（Duke of Albe-marle）、克雷文勋爵（Lord Craven）、伯克利勋爵（Lord Berkley）、阿什利勋爵（Lord Ashley，财政大臣）、乔治·卡特里特爵士（Sir George Carteret，副掌玺大臣）、威廉·伯克利爵士（Sir William Berkley）和约翰·科尔顿爵士（Sir John Colleton），这些名字至今仍存在于该地区的地名中。

第一个特许状的范围从北纬36°（即现在弗吉尼亚州的南端）到北纬31°（即现在佐治亚州的南端），从大西洋向西无限制地延伸到太平洋。这无边无际的土地，都被这八个专属权所有者"绝对拥有，而他们连同所有的皇家矿山、渔场等，只需每年支付20马克的免役税租金"。

即使拥有了这么广阔的地盘，他们仍不满足。1665年，他们从查理那里获得了第二份特许状，将南部边界扩展到北纬29°。毫无疑问，扩张的部分目标是将密西西比河的三角洲地区包括在内，因为他们发现，法国人已经对该地区暗中布局。[1]

他们的主要目标似乎是获得远在西部的一些银矿。一份来自国外的报告显示，在墨西哥或其他地方，这些丰富的矿藏并没有延伸到北纬29°以北。

不久，北部的界限也被推进了半度，这时他们的领土已沿着海岸延伸了约450英里，向西延伸若干距离到了大南海（太平洋）。在这第二个特许状中，持有人被描述为"卡罗来纳行省和属地的真正、绝对的领主，始终保有对我和我的子嗣和继任者们的信仰、忠诚和主权，将永远免费持有和共同承担地租，正如我在肯特郡的东格林尼治庄园，除了每年20马克的租金外，还得付给我和我的继任者们在他们的属地内发掘的所有金银矿石的四分之一"。

此外，国王还引入了一项非常独特的条款，其目的是授予专利权人（即卡罗来纳州的大农场主）特殊的荣誉称号。这样一来，这些称号就可能不同于英格兰的任何相应的贵族头衔。另外，还有一项奇特的规定，绝对是同类规定中独一无二的。其目的是授权特许权拥有者对卡罗来纳大农场主授予特殊的荣誉称号的权利。因此这种称号可能不同于英格兰的任何相应的贵族和地主绅士的头衔。结果是非常奇怪的，甚至是滑稽的，因为公司授予卡罗来纳第一批大地主的这种新称

---

[1] 直到1698年，路易十四才真正占领密西西比河下游流域。把他那著名的特许权授予了安托万·克罗扎特爵士（Sieur Antoine Crozat），以获得北美大陆的一大片土地，蚕食卡罗拉纳的所有腹地，侵占西班牙大陆美洲几十万平方英里的土地。——编者注

号不仅有来自德国（伯爵领主 landgraves、王权伯爵 counts palatine 等），而且甚至有的来自土著，这样一些盎格鲁-撒克逊的贵族就获得了印第安酋长（caciques）的奇怪头衔。

当著名哲学家沙夫茨伯里勋爵（Lord Shaftesbury）和约翰·洛克（John Locke）应邀为新移民起草宪法时，引入了另一些有点异想天开的元素。它们是基于最公正和自由的原则的理论，目的是鼓励各种信仰的人参与国家的普遍殖民化。在这个政府企划中，王权令官——也就是属地领主们的最年长者——在行使职能时以另外三个所有者为助理，这四人组成了帕拉廷法院，通过卡罗来纳的代表们来执行他们的命令。还有一个由两个议院组成的代表机构，上院由特许所有者本人或其代理们、总督、理事会和全体酋长和伯爵领主构成；而议会或下议院，一般是无头衔的殖民者，且与其他殖民地选举方式相同。

然而，议会的制定和通过法案完全由上议院控制，而企划所谓的"宏大模范（Grand Model）"或"基本宪法"的总趋势是将所有权力置于权贵手中；而大部分殖民者则作为永久的佃户依附在土地上。自由人，即拥有50英亩土地的人，虽享有特权，但仅限于在下议院。而其他人都只是简单的土壤附属物（adscripti gleboe）。甚至宗教宽容的游行也或多或少是一种嘲弄，人们小心翼翼地宣布英格兰国教会是唯一的正统信仰。

人们很快就发现"宏大模范"是行不通的。小农们不可能接受一种永远与农奴相差无几的地位。他们中的许多人甚至拒绝向封建领主支付地租，因为他们从当地人手中购买了自己的土地，已认为自己就是土地所有者。当贸易开始发展时，他们反对以任何形式缴纳关税或税收，认为他们独立于国王和特许权所有者。1671年当总督詹姆斯·柯莱顿（James Colleton）试图征收租金和税款时，移民们抓住了他的秘书，扣押了州政府的记录，完全是公然藐视他的权威。

除了这些麻烦之外，还有宗教纷争，超过三分之二的人是非国教教徒（长老会、贵格会、胡格诺派），他们对执政党所称的"骑士和病态的人"的暴政深恶痛绝。但是，当这些人在1694年获得了议会中的多数席位，便立即剥夺了所有持不同政见者的权利，使英国圣公会成为官方宗教，由公共开支支持，并将殖民地划分为各个教区，由福音传播协会任命牧师。尽管英国圣公会的地位一直维持到革命，但在1704年，通过向上议院上诉，非国教徒的政治特权得到了恢复。

特许权与此不同，它在1715年由于殖民者的直接行动而走向终结。印第安人战争（1712—1715年）后，他们对公司提出了强烈抗议，理由是公司没有采取任何措施来保护殖民者或分担战争费用。

因此，在经受了这场战斗的冲击之后，他们决定今后他们将管理自己的事务，不再与特许权拥有者或他们的官员有任何瓜葛。民众的这种态度自然导致了相互争吵和相互指责，当整个问题提交到议会时，特许权所有者们被宣布没收他们的特许权。他们大多数人把债权卖给了英国政府。1729年，英国政府将卡罗来纳分割为两个皇家省份，并分别指派了一名皇家总督。

应该指出的是，卡罗来纳两地转为王室政府是民众自己请愿的结果，而不是国王的一意孤行。此外，大多数的特许权所有者（8个中有7个）愿意宁可为17500英镑（每人2500英镑）的小额款项放弃特权，也不愿为新近的印第安战争承担费用。1728年通过的一项议会法案确实也实现了这一点。该法案将上述款项授予了博福特公爵（Duke of Beaufort）、克雷文勋爵（Lord Craven）、约翰·科莱顿爵士（Sir

John Colleton）、詹姆斯·伯蒂（James Bertie）、多丁顿·格雷维尔（Dodington Greville）、亨利·伯蒂（Henry Bertie）、约翰·科顿（John Cotton）、约瑟夫·布莱克（Joseph Blakes）、玛丽·道森（Mary Dawson）和伊丽莎白·摩尔（Elizabeth Moore），这些人当时是卡罗来纳州最初8个地区中7个地区所有者的代表，这个省的价值远远超过当时被放弃的数千英镑。

卡特里特勋爵（后来的格兰维尔伯爵），是第八位特权拥有者，他拒绝放弃他的股份，因此在1729年的法案中引入了一项特殊条款，即保留"给勋爵阁下，其继承人、执行人、管理人，并将所有此类不动产、权利、所有权等分配到不可分割的上述省份的八分之一，以及所有欠缴地租款之中的八分之一等。尽管如此，整个政府自此归于王室"。换句话说，卡特里特勋爵的金钱利益得到了尊重，而各省则被重组为皇家殖民地。而这一案件在政治商业特许权记录中似乎是独一无二的。

佐治亚特许状

从一个重要方面来看，佐治亚在皇家特许下的殖民地不同于其他所有特许殖民地。它是一项纯粹的乌托邦实验，在后来的时代有或多或少的一些成功模仿者，但它几乎是独一无二的。这项计划起源于詹姆斯·爱德华·奥格尔索普（James Edward Oglethorpe），他是"穷人的朋友"，也是"保皇派的一位基督教绅士"。其直接目标是让那些18世纪因债务而被关在监狱里的人，以及当时在大不列颠和欧洲其他地区为良知而遭受迫害的各种教派的新教徒，在卡罗来纳仍无人居住的南部地区的土地上去开垦。

第十章 北美十三州的由来：弗吉尼亚和新英格兰诸公司

在许多议会重要议员的帮助下，奥格尔索普轻而易举地获得了许多有家世渊源和影响力人物的签名，以请愿求得乔治二世特许在萨凡纳河（Savannah River）以南的领土上让来自不同欧洲国家遭遇不幸的债务人和新教徒进行殖民。这份特许状于1732年6月9日颁布，覆盖了萨凡纳河和阿尔塔马哈河之间的整个地区，即从河流源头一直延伸到太平洋。这片领土，从此被命名为佐治亚，以信托的形式把穷人们分配给21名最初的受托人。委托人有权增加他们的人数，期限为完整的21年。

受托人"因此有权接收和管理所有个人和公司的捐款，并愿意为运送人员到上述国家和安置他们而付费。这家公司在法律上有能力持有和购买土地等。在英国，每年可以进行价值1000英镑的交易；在美洲，为上述慈善目的可以不受限制地持有和购买土地。他们的共同理事会由15人组成，并有权使他们达到24人（就像后来那样）。

"此公司可向其他人发放佣金，以收取捐款，每年向王室支付每100英亩土地的四先令。这些土地应授予任何种植园主，种植园主从各自的授予日期起10年内开始支付租金；佐治亚将永远是一个独立省份，只是民兵管辖权留在南卡罗来纳总督的手中；但在其他方面，殖民地的管辖权却要在受托人的手中21年，此后管辖权归王室所有。所有居民（天主教徒除外）都享有信仰自由和崇拜自由；按照共同理事会认为合适的条款，给予任何人不超过500英亩的土地；受托人在佐治亚不允许拥有土地或公职；授予的土地需在种植园审核员办公室登记。"

表7 从特许公司建立殖民地到美国建立

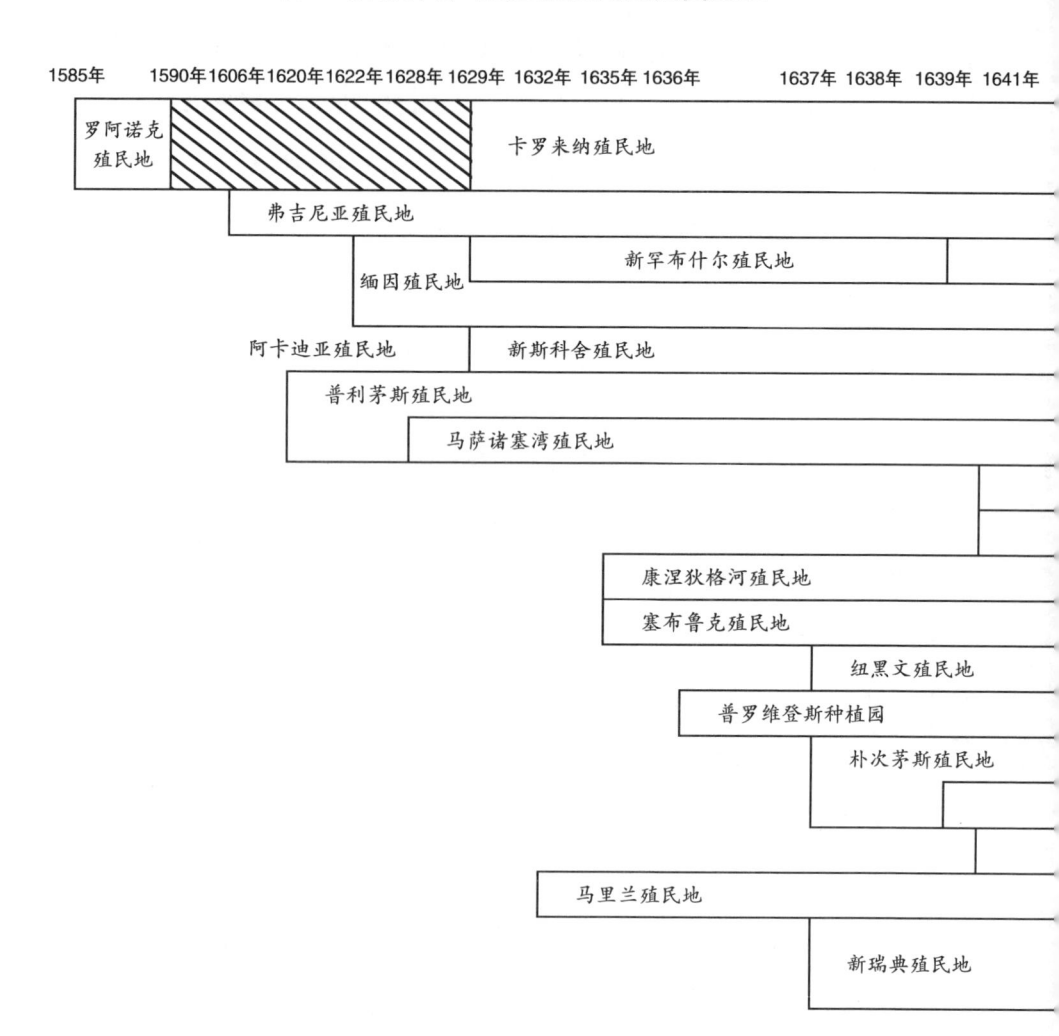

| 1585年 | 1590年 | 1606年 | 1620年 | 1622年 | 1628年 | 1629年 | 1632年 | 1635年 | 1636年 | 1637年 | 1638年 | 1639年 | 1641年 |

- 罗阿诺克殖民地
- 卡罗来纳殖民地
- 弗吉尼亚殖民地
- 缅因殖民地
- 新罕布什尔殖民地
- 阿卡迪亚殖民地
- 新斯科舍殖民地
- 普利茅斯殖民地
- 马萨诸塞湾殖民地
- 康涅狄格河殖民地
- 塞布鲁克殖民地
- 纽黑文殖民地
- 普罗维登斯种植园
- 朴次茅斯殖民地
- 马里兰殖民地
- 新瑞典殖民地

第十章 北美十三州的由来：弗吉尼亚和新英格兰诸公司

| 1644年 | 1660年 | 1662年 | 1663年 | 1674年 | 1682年 | 1691年 | 1712年 | 1732年 | 1774年 | 1775年 | 1776年 |

卡罗来纳殖民地 → 北卡罗来纳殖民地 / 南卡罗来纳殖民地

弗吉尼亚殖民地

马萨诸塞湾殖民地 → 新罕布什尔殖民地

马莎葡萄园岛

南塔基特岛

纽波特殖民地 / 沃里克殖民地 → 罗德岛殖民地

特拉华殖民地

宾夕法尼亚殖民地

泽西殖民地 → 东泽西岛殖民地 / 西泽西岛殖民地 → 新泽西殖民地

特拉华殖民地

纽约殖民地

佐治亚殖民地

北美十二州 → 北美十三州联盟 → 美国

生活在那个时代的安德森给我们留下了一段耐人寻味的故事，讲述了在其第一任总督奥格尔索普统治下殖民地的发展。他写道："受托人为履行信托不惜一切代价，因此他们在该省南北两端建起了萨凡纳（Savannah）和弗雷德里克（Frederica）两个城镇，其旁边有几个村庄和小城堡，还有一个在印第安人中更为著名的城镇，叫奥古斯塔（Augusta）。在萨凡纳河上游，有一支小型驻军，负责保护印第安贸易，距离大海240英里，是一个普通的白桑树苗圃，用来生产丝绸。他们引进外国的葡萄修整器改良当地的葡萄藤，尽管这些葡萄藤大多缠在最高的树上，却结着小葡萄。他们还从欧洲运来了许多种类的藤蔓，还有一些擅长抽丝和养蚕的皮埃蒙特人（Piedmontese）。几年来，他们同其他贵族和绅士，用捐助款聘请了一位植物学巡回教授，收集美国各种气候中最珍贵的植物和种子，将其移植到佐治亚。

"然而，由于有一些无所事事的流浪汉、酒鬼和顽固不化的流氓，该殖民地的繁荣首次受到较大的阻碍，正如西班牙人发出的频繁警报那样——在佛罗里达的西班牙人，他们把这些移民看作是自己领地上的入侵者，对他们发动了一场激烈的战争，以摧毁殖民地并收复领土，但以失败告终。必须承认，限制土地使用权和排斥黑人奴隶的乌托邦计划，在某种程度上是考虑不周全但出于'善意'的，这两个错误都已得到纠正。通过在佐治亚的开垦，卡罗来纳已经能体会到大量土地变得缺乏（如他们所说）的好处。在建立新的边境屏障之前，他们没有这样做的意愿，结果是皇家港和萨凡纳河附近的土地已被提高到原来价值的五倍。"

应该提到的是，这里所谓的"错误"直到放弃特许权后，在1753年21年期满后才得到"纠正"。这时，种植园制度被引入，在这种制度下，几家中等规模的农场被合并成一个由奴隶劳动经营的大庄园。起初，奴隶是从卡罗来纳短期雇佣的；后来，黑人奴隶贸易愈加兴旺，种植园里的黑人奴隶也越来越多。

第十一章

几内亚公司(皇家非洲公司)和小型特许公司

/////

第一家几内亚公司

1588年,一艘伦敦的舰艇前往贝宁湾(Benin)。同年,伊丽莎白向两名伦敦商人以及埃克塞特和德文郡(Devonshire)的其他人授予了十年专属经营权。即对几内亚的塞内加尔河和冈比亚河地区进行独家贸易——那时西非所有地区均称为几内亚(Guinea)。特许状上说:"因为冒险开始从事一项新的贸易对冒险家来说不可能是一件投资少、风险小的事情。然而,除非是本协议签署之日后的任何时间,女王或六位枢密院议员可在提前六个月发出通知后,以书面形式撤销本专属权。"

尽管这一经营权的保有期不稳定,协会还是生意兴隆了一段时间。其中人们提到了1590年的一次获利丰厚的冒险。在那次冒险中,象牙、棕榈油、棉布和"树皮制成的布"被用来交换亚麻布和羊毛布、铁器、铜手镯、玻璃珠、珊瑚、玳瑁、马尾巴、帽子等等。但下个世纪,几内亚贸易由于西印度群岛制糖业的发展而急剧扩张,那里的种植园靠的是奴隶的劳动。从那时起,西海岸的主要出口产品是奴隶;直到19世纪早期,这种贸易才被宣布为非法并被禁止。

第二家几内亚公司

尽管特许状的原件已经遗失，但毫无疑问1631年由查理一世授权了一份许可用以支持理查德·扬爵士（Sir Richard Young）、坎奈姆·底格比爵士（Sir Kenelm Digby）和各式的商人在西非的独家贸易。在接下来的31年，他们享有"与几内亚、比尼（Binny，贝宁）和安哥拉沿岸，从北纬20度的布兰高角到好望角之间，附带其附属岛屿的独家贸易。本许可状不仅禁止国王治下，除许可人以外的国民，也同样地禁止任何其他君主或政府治下的国民进行所述之限制以内的贸易或借助任何伪装而贸易；既不允许任何特许人以外的人向其领地内进口红杉、毛皮、蜡、树胶、不褪色染料，也不允许其他商品输入，若有则罚没船只和货物。而且，与特许状相违的是，特许人被授予了在其边界范围内捕获他们可以找到的所有船只和货物的权力，也可以到非洲大陆内部搜寻"[1]。

把其他国家的国民排除在西非沿海地区的贸易之外当然是一种大胆的假装权威，在那里葡萄牙人还有荷兰人早已牢牢站稳脚跟。尽管如此，在1632年"为了在上述范围内启动那里的商业活动，国王把保护权授给由上述的那些所谓的非洲海岸地区的特许人装备的一支舰队"[2]。

正如人们所预料的那样，垄断这一地区贸易的尝试以灾难告终。在大量的金钱被耗费到在沿海各地建造要塞、工厂和仓库之后，所有国家的独立贸易商蜂拥到这片海域，渴望在美洲种植园日益增长的奴隶贸易带来的利润中分一杯羹。于是，贸易在很大程度上再度被迫开

---

1 参考《费德拉》一书相关内容。

2 同上。

放，因此一直持续到王政复辟之后。然而，在共和政体治下，东印度公司获得了为期五年的特许权，以使用黄金海岸（the Gold Coast）废弃的要塞和驻地，因为这些要塞和驻地位于通往东印度群岛的路线上。他们甚至还建造起两座新的要塞，并通过许可船只对几内亚开展贸易。然后按其货物的10%或船上每吨货物3英镑的价码收费，赚得了巨额利润。

第三家几内亚公司

为了满足西印度群岛糖业种植园迅速增长的奴隶劳动力需求的特定目标，第三家几内亚公司或称非洲公司于1662年成立。在该协会居于首席地位的是虔诚的约克公爵（Duke of York）。此特许状的条件之一是，他们得答应每年向这些种植园提供不少于3000名黑人。另一个更为合理合法的目标是收回几内亚海岸的英国要塞和工厂——这些要塞和工厂在内战的动乱期间被荷兰人和丹麦人占领或摧毁。前一家公司的股票因此而崩溃。而被荷兰人和丹麦人扣押的船只和货物，连同独立贸易商或入侵者的船只和货物，总价值达30万英镑。

为了弥补损失，这家新公司在约克公爵和其他权势人物的支持下，劝说政府派遣罗伯特·霍姆斯爵士（Sir Robert Holmes）率领一支由14艘船舰组成的强大海军中队前往荷兰，目的是在英国和尼德兰联邦（the United Provinces）之间那时战而未决的情况下，突袭荷兰的要塞。1664年，霍姆斯海军上将占领了几座荷兰要塞（但德鲁伊特很快就重新夺回了这些要塞）。此外，他还在冈比亚河口修建了一座新要塞，命名为詹姆斯要塞（James Fort），以纪念约克公爵。多亏这个据点的建立，英国人获得并仍然占领着冈比亚，但是现在该领土已被法国殖民地塞内冈比亚（Senegambia）四面包围。

但是，这第三家公司的资源被他们与荷兰人和与入侵者的不断斗争耗尽了，以至于最后他们愿意出让特许权，卖掉了他们在海岸角城堡、塞拉利昂和詹姆斯要塞的三处要塞，以换取价值3.4万英镑的协会股份。而这些是其在与荷兰平息战事不久以后刚刚继承的。

第四家几内亚公司

这个强大的公司于1672年成立，资本金11.1万英镑，仍由约克公爵赞助。通过他们的积极行动，贸易迅速恢复，新建了若干座要塞，黄金贸易发展到1673年，首次铸造就有大约5万"几尼（guinea）"。几内亚之所以有如此称谓，就是来自进口其贵金属的国家。[1]

该公司继续繁荣兴盛，直到1789年[2]由于《权利法案》（the Declaration of Rights），他们失去了专属的贸易权。

但在那之后，他们继续作为一个无特权的协会开展贸易，并从独立的冒险家那里获利。当时，冒险家们被要求向公司支付10%的报酬。报酬不是用于获取贸易权，而是用于使用和维护他们的要塞和驻地。然而，1698年确定的这项收费后来引起了许多不满，独立贸易商们经常抱怨该公司收取费用却不守信用，没有给予公允的价值回报。这些要塞本应保持修缮完好，但显然非常疏于照管。因此在1711年，下议院请求女王接管这些要塞。

事实上，大约也是在这个时候，该公司差不多已经资不抵债。

1　虽然宣布要卖20先令，但是这种硬币的价格从未低于21先令。1717年，它被赋予了法定价值，其内在价值约为20先令8第纳尔（便士）。

2　此处应为1689年，可能为排版错误。——译者注

1712年一项法案通过后生效，在他们和债权人之间达成了一项协议。在这种情况下，通过了几项决议，申明了美洲种植园贸易的重要性，"应以合理的价格为其提供足够数量的黑人"。

与此同时，该公司的情况每况愈下。由于他们再也无法维持要塞的运转，为此议会于1730年投票决定拨款1万英镑。这项补助金按年持续给到了1744年。当时由于与法国和西班牙的战争的缘故，这项补助金曾经翻了一番，但后来仍再次降回到1万英镑。补助金本身的作用是强力推动贸易完全开放，也导致了该公司的崩溃，因为该公司无法在贩奴方面竞争过私人冒险家。尽管当时已努力在内陆开展黄金、象牙、蜡、药物、染料木等贸易，但他们仍无法在约20万英镑的资本减少后支付任何股息，甚至不能从利润中支付日常开销。

1748年，一些人试图将这家半死不活的公司整合成一家新的联合股份制公司，但以失败告终。他们的债务主要是欠自己的，为还债，他们提出将从各要塞移交给政府所得的15万英镑中支付。然而，1750年通过的《议会法案》使该计划产生了实际效力。该法案开放了非洲贸易，但宣布所有加入该贸易的英国国民应"被视为一个法人和政治组织，冠名为向非洲贸易的商人公司（the Company of Merchants trading to Africa），不仅永久延续并拥有公章，还可以像其他公司一样可以提起诉讼和被起诉等"。

旧公司的所有地盘都将被新公司接管。然而，新公司不是以公司身份进行贸易，而是为了共同利益而掌管了要塞、工厂等。为此目的，每年九人组成的委员会（分别为代表伦敦、布里斯托尔和利物浦的各三人）要由所有应支付2英镑而获得公司入门费的人选出。而且，由此筹集的资金也可用于维护要塞和定居点，支付员工的工资以及类似的工作费用。最后，衡平法院要审查和解决旧公司债权人的权益，旧公司随后被解散。

公司解散发生在1752年，当时投票决定从年度补偿金开支等中拿出112142英镑3先令3第纳尔支付给旧公司及其债权人。同时还颁布了新公司"有权在其要塞武装和训练军队，并惩罚犯罪行为，以免危及性命或肢体；并为商业和海上贸易等设立司法法庭"。

由此，非洲的贸易得到了规范，其出口部分主要由奴隶贸易构成，这个安排一直发挥着作用，直到1833年奴隶贸易废除。现在可以说，在给奴隶贸易带来巨大压力的人道主义运动很久以前的1788年，便通过了一项法案，在某种程度上缓解了"中央航路（middle passage）"的惨状。事实上，奴隶贸易已经被认为是文明时代的耻辱。在这个国家，一种精神正在兴起，它似乎决心彻底消灭或者改变奴隶贸易的性质，将人性与政策融为一体。[1]库姆（Coombe）先生在1790年左右这样写道。

摩洛哥公司或巴巴利公司

1585年，伊丽莎白授予沃里克伯爵和莱斯特伯爵（Earls of Warwick and Leicester）以及其他40人专属权，向摩洛哥地区进行为期12年的独家贸易。女王向皇帝穆利·哈米德（Muley Hamed）派遣了她的大臣（罗伯茨），此人在摩洛哥待了3年，并为英国人获得了一些特权。1728年在梅基内兹（Mequinez）签署的条约扩大了这些特权。条约中明确规定：在外国船只上的摩洛哥人抓到英国国民应立即

1　《商业起源》第六卷，第905页。

释放并送往直布罗陀，英国皇家舰队和直布罗陀的给养和其他物资可以在摩洛哥的任何海港以市场价格自由购买，摩尔人、犹太人和其他为英国臣民服务的摩洛哥本地人应该免征各种税。因此，国家通过这家特许公司获得了可观的利益，其独家贸易似乎没有维持太久。

加那利公司

该公司由查理二世在1665年创建，他将王室的特许权授予了公司最初的60位股东，以及其他在过去7年内向加那利群岛（the Canary Isles）进行贸易的年贸易额达到6000英镑的其他所有国民。该公司在一名总督、一名副总督和12名助理的领导下，享有对加那利群岛的独家贸易。

在特许状序言中，授予这项特许的理由是："以前，加那利群岛的贸易对英国人民更有利。但由于太多的商品进入和交易，我们的商品价值下降，而加那利酒的价格较之前反而翻了一倍。因此，英国人只能被迫携带真金白银到加那利当地买酒。以获得更低廉的价格。"

在所有历史上的法人团体中，这家公司的存在时间最短。1667年，在议会对其提起诉讼后，其特许权被撤销。在当时，两院在对国王的呈文中感谢他撤销了该公司的特许权，而该特许权似乎是通过非法手段获得的。事实上，在下议院弹劾克莱伦登大法官（Lord Chancellor Clarendon）的第三款中，这位贵族被直接指控因获得该特许权和各种其他非法特许权而获得巨额金钱。

圭亚那公司

英国在圭亚那（Guiana）的第一个殖民地是1605年由莱伊船长（Captain Ley）建立的。但直到1609年左右，来自斯坦顿－哈考特（Stanton-Harcourt）的哈考特先生和其他在韦波科（Weapoco）河上建立了据点的60人被授予了特许证书后，这才获得了特许权。哈考特先生一回到英国，便通过亨利王子（Prince Henry）的影响力，为自己和他的继承人取得了整个海岸以及亚马孙河河口的公司契约。但这项事业一事无成，因为正如约翰·史密斯船长（Captain John Smith）在《航海》（Voyages）一书的第二卷所述，"该殖民地不可能存续，因为缺乏国内的适当支持，四年前莱伊船长的定居点也是如此"。

接着，在1616年获得了至关重要的特许权的"沃尔特·罗利爵士（Sir Walter Raleigh），与哈考特一起前往美洲南部和美洲其他地方。这些地方当时被异教徒和野蛮人占有和居住，要在这些国家中发现一些对我们王国的臣民来说必不可少、有利可图的东西着实很难。国王得到了可靠消息，有各种不同的商人、船主以及其他愿意协助完成沃尔特·罗利爵士的事业的人，只要他们有足够的能力保证回报给他们的那部分利润，能补偿用于上述沃尔特·罗利爵士时下所处的法律风险之开支……英国立刻授予他们全部权力，以出入这个王国或其他地方。但凡他们愿意追随罗利爵士，连同船只、武器、弹药、货物、商品等等都可拥有。罗利爵士是上述民众的唯一总督和指挥官，拥有军事管制权等，而且有权由他评判合适的船长、军官等。他可将金银、宝石和其他商品带回国内，且根据其本人和合伙人的意愿处置，向我们支付五分之一的金银和宝石，以及其他商品的一般关税。我们同意授权沃尔特·罗利爵士特许权证书在法律上是可靠和充分的。"

第十一章　几内亚公司（皇家非洲公司）和小型特许公司 / 193

1618年，罗利爵士在之前的判决中被捕并被处决。这一冒险的灾难性后果，构成了斯图亚特王朝不光彩统治时期的痛苦插曲。然而，上面引用的特许权中的段落表明，他并没有像人们普遍认为的那样，被派往美洲执行寻找黄金的使命。但是，如果有可能的话，会在"被异教徒和野蛮人占有和居住"的大陆建立起黄金和其他商品的贸易。

还应指出，有一点不为人知，在他没有获得黄金返回时，国王否认授予他航行到圭亚那的权力。这一否认是为了取悦西班牙君主，直到查理王子（查理一世）与西班牙公主（Infanta of Spain）成婚才重新承认。事实上，在出航之前，罗利与詹姆斯进行过一次私人会谈，在会谈中，詹姆斯解释了他的整个行动计划，并详细描述了他之前到访过的奥里诺科（Orinoco）地区。

此外，偏偏就在那个时候，一家新公司成立了，目的是"在那些美洲大陆的亚马孙河附近和周围地区规划种植园和定居点用于贸易和商业，这些地区被假定是不受任何其他君主或国家的控制和管理的"。但为了与西班牙人和解，国王再次否定并阻挠了1620年罗杰·诺斯船长（Captain Roger North）和其他人"作为该规划种植园公司和法人团体的成员前往圭亚那的探险"。

关于这家新公司，我们没有更多的信息。但在1628年，为了开辟与圭亚那的贸易，上文提到的船长诺斯被授予了一份新的特许状。在该特许权的保护下，他们得以在亚马孙河下游地区站稳了脚跟，即在那里建立了定居点和防御工事。尽管它最终不复存在了，但殖民地在此期间也繁荣了好多年。正如威廉·蒙森爵士（Sir William Monson）在《海军领地》（Naval Tracts）中所记述的："1635年，在圭亚那有一个英国殖民地，那里出产最好的烟草，当地土著是我们定居点中最容易驯服的人。"

也有人认为，这说的是莫罗尼河附近的英国殖民地苏里南（Surinam）。该殖民地于1640年由法国人首次建立，并于1641年被法国人放弃。同年，英国人以威洛比勋爵所有遗产为代价建立了殖民地，直到1674年被荷兰人夺走。如今也表明，苏里南的这个殖民地与许多年前诺斯船长建立的殖民地不可同日而语。

百慕大（萨默斯）群岛公司

这家约有120名成员的公司于1612年根据王室特许状成立。当时，他们从弗吉尼亚公司（the Virginia Company）购买了这些岛屿。此前，弗吉尼亚公司作为第一批发现者，声称拥有这些岛屿。但也有人认为，西班牙航海家伯穆德斯（Bermudez）在16世纪就已经发现了这些群岛。群岛的发现于1609年，由乔治·萨默斯爵士（Sir George Somers）和托马斯·盖茨爵士（Sir Thomas Gates）在探险中发现，他们在群岛上遭遇海难并被滞留了9个月。后来，他们用当地的雪松木材建造了一艘船，继而逃到了弗吉尼亚，并在最大的岛屿上留下了两个人。1612年，当这家新成立的公司在圣乔治岛（St. George's Island）第一次定居160人时，这两人仍然活着。在1619年又有另外500人加入定居者之列后，他们成立了一个有总督和委员会的议会。后来，岛上又增加了一个由36名代表组成的议院。大不列颠保有这些岛屿也主要是为其战略目的。目前，有一半以上的居民是黑人或混血儿，造成这种结果的原因主要是自废除奴隶制以来作为自由劳工引入的。

中国（国泰）公司

1635年，查理一世授予威廉·柯顿爵士（Sir William Courten）、保罗·品达爵士（Sir Paul Pindar）、约翰·韦德尔船长（Captain John Wddel）和恩迪米翁·波特（Endymion Porter）以特许权，用于对中国和日本的贸易，同时在东印度公司尚未成立之前的印度任何地区也可以进行贸易。另外，被授予人应从中国、日本的海域或其他地方派遣一艘装备精良的船只，尝试发现西北航道。他们被授予了印信，实际上从各方面讲他们都分割了东印度公司的业务，因而也触动了东印度公司的权益。最终，该公司一事无成，他们的工厂和"两艘富船"于1640年被荷兰东印度公司抢占，损失高达51612英镑。在1662年查理二世与荷兰人签订的条约中，规定赔偿这一损失，但似乎从未获得任何补偿，同时也没有关于这家夭折了的公司的更多消息。另外，该公司的特许期仅有5年。

附录1 特许公司发展年表

国家：奥地利

序号	名称	起始年	终结年
1	帝国的东方特许公司	1719	1740
2	奥斯坦德公司	1722	1731
3	奥地利东印度公司	1775	1785

国家：荷兰

序号	名称	起始年	终结年
1	布拉班茨公司	1599	1602
2	荷兰东印度公司	1602	1799
3	新尼德兰公司	1614	1618/1621
4	澳大利亚公司	1614	—
5	北欧公司	1614	1642
6	荷兰西印度公司	1621	1792
7	苏里南公司	1683	1795
8	伯比斯协会	1720	1818
9	比利时殖民公司	1841	—

国家：英国

序号	名称	起始年	终结年
1	英格兰商人冒险家公司	1407	19世纪
2	布里斯托尔商业冒险家协会	13世纪/1522	至今
3	新大陆商人冒险公司	1553	1566
4	俄罗斯公司	1555	1917
5	西班牙公司	1577	1605
6	东土公司	1579	1672
7	土耳其公司	1581	1825
8	威尼斯公司	1583	1592/1825
9	巴巴里公司	1585	1597
10	黎凡特公司	1592	1825
11	东印度公司	1600	1874

续表

序号	名称	起始年	终结年
12	弗吉尼亚公司	1606	1624
13	普利茅斯公司	1606	1624
14	法国公司	1609	—
15	伦敦和布里斯托尔公司	1610	1616
16	萨默斯群岛公司	1616	1684
17	几内亚公司	1618	1644
18	新河公司	1619	1904
19	马萨诸塞湾公司	1629	1691
20	普罗维登斯岛公司	1629	1641
21	库特公司	1635	1657
22	皇家西印度公司	1664	1674
23	哈得逊湾公司	1670	至今
24	皇家非洲公司	1672	1752
25	空心剑刃公司	1691	1832/1922
26	格陵兰岛公司	1693	—
27	英格兰银行	1694	至今
28	南海公司	1711	1853
29	非洲商人公司	1752	1821
30	塞拉利昂公司	1792	—
31	范迪门土地公司	1824	至今
32	加拿大公司	1825	1953
33	新西兰公司	1825	1858
34	南澳大利亚公司	1835	1949
35	斐济公司	1840	—
36	东部群岛公司	1847	1858
37	渣打公司	1853	1969
38	英国北婆罗洲公司	1881	1946
39	尼日尔皇家公司	1886	1929/1987
40	帝国英属东非公司	1888	1896
41	英国南非公司	1889	1965

国家：法国

序号	名称	起始年	终结年
1	圣克里斯托公司	1625	1637
2	百人公司	1627	1663
3	西方公司	1664	1667/1674
4	密西西比公司	1684/1717	1721
5	美洲岛公司	1635	1664
6	中国公司	1660	1664
7	法国东印度公司	1664	1794
8	法国西印度公司	1664	1674

国家：德国

序号	名称	起始年	终结年
1	委内瑞拉韦尔瑟公司	1528	1546
2	勃兰登堡非洲公司	1682	1721
3	埃姆登公司	1752	1765
4	德国新几内亚公司	1882	1899
5	德国东非公司	1884	1920
6	德国西非公司	1885	1903
7	阿斯特拉贝公司	1891	1896

国家：波兰-立陶宛

序号	名称	起始年	终结年
1	波兰贸易公司（黑海贸易公司）	1783	1793

国家：葡萄牙

序号	名称	起始年	终结年
1	几内亚公司	1482	1503
2	葡萄牙东印度公司	1628	1633
3	莫桑比克公司	1888	1972
4	尼亚萨公司	1891	1929

国家：俄罗斯

序号	名称	起始年	终结年
1	俄美公司	1799	1867

地区：斯堪的纳维亚

序号	名称	起始年	终结年
1	斯托拉-恩索公司	1347年或更早	至今
2	丹麦东印度公司	1616	1650
3	瑞典南方公司（又称新瑞典公司）	1626	1680
4	瑞典非洲公司	1649	1667
5	丹麦西印度公司	1671	1776
6	卑尔根格陵兰公司	1721	1727
7	瑞典东印度公司	1731	1813
8	一般贸易公司	1749	1774
9	皇家格林兰贸易部	1774	1908
10	瑞典西印度公司	1786	1805
11	瑞典黎凡特公司	1738	1756

国家：苏格兰

序号	名称	起始年	终结年
1	苏格兰的几内亚公司	1634	1695
2	苏格兰公司	1698	1707

国家：西班牙

序号	名称	起始年	终结年
1	加拉加斯公司	1728	1785
2	巴塞罗那贸易公司	1755	1785
3	菲律宾皇家公司	1785	1814
4	洪都拉斯公司	—	—
5	塞维利亚公司	—	—
6	哈瓦那公司	—	—

国家：意大利

序号	名称	起始年	终结年
1	菲罗纳迪公司	1889	1893

附录2　斯图亚特王朝册封的商人

年份	人物
1621	罗伯特·安斯特鲁瑟爵士（Sir Robert Anstruther），骑士，英国驻丹麦大使。
1631	亨利·瓦因爵士（Sir Henry Vaine），骑士，英国驻丹麦特使。
1632	罗伯特·西德尼阁下（The Right Hon. Robert Sidney），莱斯特伯爵，英国驻丹麦大使。
1638	托马斯·罗韦爵士（Sir Thomas Rowe），骑士，英国驻丹麦特使。
1650	理查德·布拉德肖（Richard Bradshaw），汉斯镇居民。
1654	布尔斯特罗德·惠特洛克（Bulstrod Whitlock），英国驻瑞典特使。
1658	菲利普·梅多斯爵士（Sir Philip Medows），英国驻丹麦特使。
1664	威廉·斯旺爵士阁下（The Hon. Sir William Swanne），骑士，汉斯镇居民。
1664	查尔斯·霍华德阁下（The Right Hon. Charles Howard），卡莱尔伯爵，英国驻俄国莫斯科特使。
1664	爱德华·霍华德阁下（The Hon. Edward Howard），莫佩斯勋爵。
1666	吉尔伯特·塔尔博特爵士阁下（The Hon. Sir Gilbert Talbot），骑士，英国驻丹麦特使。
1668	托马斯·泰恩阁下（The Hon. Thomas Tynne），绅士，英国驻瑞典特使。
1668	彼得·威奇爵士阁下（The Hon. Sir Peter Wyche），骑士，英国驻俄国莫斯科特使。
1669	托马斯·希贡斯爵士（The Hon. Sir Thomas Higgons），骑士，英国驻萨克森自由邦特使。
1670	亚瑟·卡佩尔阁下（The Right Hon. Arthur Capell），埃塞克斯伯爵，英国驻丹麦特使。
1670	希尔德布兰德·阿林顿阁下（The Hon. Hildebrand Allington），阿林顿勋爵之子。
1670	查尔斯·伯西阁下（The Hon. Charles Berthie），林赛伯爵之子。
1670	乔治·拉塞尔阁下（The Hon. George Russell），贝德福德伯爵之子。
1672	亨利·考文垂阁下（The Right Hon. Henry Coventry），英国驻瑞典特使。
1672	查尔斯·范肖阁下（The Hon. Charles Fanshaw），托马斯·范肖勋爵之子。
1674	托马斯·亨肖阁下（The Hon. Thomas Henshaw），绅士，英国驻丹麦特别代表。
1676	爱德华·德林爵士（Sir Edward Dering），骑士，伦敦自治市总督。

续表

年份	人物
1680	罗伯特·索斯韦尔爵士阁下（The Hon. Sir Robert Southwell），骑士，英国驻勃兰登堡特使。
	贝维尔·斯凯尔顿阁下（The Hon. Bevill Skelton），绅士，英国驻神圣罗马帝国的特使。
1681	查尔斯·米德尔顿伯爵阁下（The Right Hon. Charles），英国驻神圣罗马帝国的特使。
1682	菲利普·沃里克阁下（The Hon. Philip Warwick），绅士，英国驻瑞典特使。
1683	丘吉尔勋爵阁下（The Right Hon. the Lord Churchill），英国驻丹麦特使。
1684	罗切斯特伯爵劳伦斯阁下（The Right Hon. Lawrence），伦敦自治市总督。
1685	加布里埃尔·德·西尔维爵士阁下（The Hon. Sir Gabriel de Sylvius），骑士，英国驻丹麦特使。
1687	议员。埃德蒙·波利阁下（The Hon. Edmond Foley），绅士，英国驻瑞典特使。
1689	艾希礼勋爵阁下（The Right Hon. the Lord Ashley）。
	圣·保罗·瑞考特阁下（The Hon. St. Paul Rycaut），骑士，汉斯镇居民。
	圣威廉·达顿·柯尔特阁下（The Right Hon. St. William Button Colt），骑士，英国驻不伦瑞克-卢内堡君主特使。
1690	海德勋爵阁下（The Right Hon. the Lord Hide）。
1691	罗伯特·莫尔斯沃思阁下（The Hon. Robert Molsworth），绅士，英国驻丹麦特使。
1692	威廉·邓肯阁下（The Hon. William Duncan），英国驻瑞典特使。
1693	卢克星顿勋爵阁下（The Right Hon. the Lord Luxington），英国驻丹麦和不伦瑞克-卢内堡特使。
	达特茅斯勋爵阁下（The Right Hon. the Lord Dartmouth）。
	詹姆斯·克雷塞特阁下（The Hon. James Cresset），绅士，英国驻不伦瑞克-卢内堡选帝侯和君主特使。
1694	吉尔福德勋爵阁下（The Right Hon. the Lord Guilford）。
1696	托马斯·罗宾逊阁下（The Hon. Thomas Robinson），绅士，瑞典居民。
	伯克莱先生阁下（The Right Hon. Mr. Berclay），德思礼勋爵之子。
1698	乔治·斯特普尼阁下（The Hon. George Stepney），绅士，英国驻勃兰登堡特使。
	塔维斯托克侯爵阁下（The Right Hon. the Marquis of Tavistock）。
1699	霍华德先生阁下（The Right Hon. Mr. Howard），卡莱尔伯爵之子。
1701	雨果·格雷格阁下（The Hon. Hugo Gregg），绅士，丹麦居民。

续表

年份	人物
1701	威廉·卡达贡上校阁下（The Hon. Colonel William Cadagon），英国接待荷兰军队的代表。
1702	詹姆斯·弗农阁下（The Hon. James Vernon），绅士，英国驻丹麦特使。
1702	约翰·威奇阁下（The Hon. John Wich），绅士，汉斯镇居民。
1702	布里奇沃特伯爵阁下（The Right Hon. the Earl of Bridgwater）。
1703	斯库德摩尔勋爵阁下（The Hon. the Lord Scudemore）。
1703	维拉斯勋爵阁下（The Right Hon. the Lord Villars）。
1705	阿尔杰农·哈特福德侯爵阁下（The Right Hon. Algernon, Lord Marquis of Hartford）。
1706	林肯伯爵阁下（The Right Hon. the Earl of Lincoln）。
1706	伊曼纽尔·斯克罗普·豪阁下（The Hon. Emanuell Scroop How），绅士，英国驻不伦瑞克-卢内堡选帝侯和君主特使。
1706	丹尼尔·波尔特尼阁下（The Hon. Daniel Poltney），英国驻丹麦特使。
1706	康普顿勋爵阁下（The Right Hon. the Lord Compton），北安普敦伯爵之子。
1710	丹比勋爵阁下（The Right Hon. the Lord of Danby），卡马森侯爵阁下之子。
1710	佩尔·埃金勋爵阁下（The Right Hon. the Lord Peregin），卡马森侯爵阁下之子。

附录3 都铎王朝早期特许状文本

都铎王朝早期特许状文本（亨利七世1505年授予商人冒险家公司）
根据正本誊写的副本

亨利七世特许状

亨利七世授予加来商人冒险家的专属权：

蒙神恩，英格兰和法兰西国王及爱尔兰领主亨利。传诏所有在朕的王国之内兼在其外，从朕之命、顺朕之治的朕之官吏、大臣、忠臣良民——

此函诏当可出示或可提供给汝等，且致意所有人。

朕令汝等知晓，朕已通过法律方式得到可靠通报。该通报中列举的许多人都曾是朕最严肃、最谨慎和最重要的陪臣！但由于他们违背了良好的法律规则，令商人冒险家组织卷入纷争和嫌怨，最终酿成各种各样的伤害。他们经常旅居在朕的加莱市（Towne of Calays），还有荷兰、西兰、布拉班特、佛兰德斯以及其他友好的海外地区。此前，就常有人进行各种专门针对商人的行动，进而愈加使其受到极大伤害。除非彼时朕为了上述商人们的权益，以更好的货币费用和管理来合理补偿，否则整个商人冒险家组织的伙伴关系将会颠覆，并对未来一段时间造成更大麻烦。

为改变现状，使其从混乱重新走向秩序。且在上述之商人们向朕提出谦恭的请愿后，朕将满足其效用和利益，并在该请愿基础上推进他们的动议执行情况。即根据这些事务的主旨，给予朕的商人冒险家们权力、执照、许可和授权。只要他们愿意，他们可以在朕的加莱镇之内和他们愿意所在的辖地之内寻找合适的场所，自由而合法地会面。他们可以自行集会，然后根据自己的意愿推举出一位或多位总督。并且在推举一位或多位总督的同时，再挑选24位最严肃、谨慎、诚实于商人冒险家众人的不同成员。同样地，还要任命24人作为总督的助理。

此外，朕还授权给朕的商人冒险家们，上述所说的一位或多位总督或其代理，及由所述的商人公司的24人，或他们之中的大部分人，可随时被提名并任命。如果上述所说的24人中的任何人缺席，则他们当中应该多数人在场——至少有13个人同意行使全部的权力职责，无一例外地来统辖和治理朕所说商人们，进而完全高效公正地处理朕所说的市镇和辖区里的所有诉讼、争端和控诉。当然也包括提议或接受提议，并平息在朕的加莱市内他们相互之间、他们与新来商人们之间的问题，或许还有争议和分歧等。

这里提到的提议或接受提议，一般来说由已经加入公司的商人们对新来的商人们以各种方式非法侵入、玩忽职守、暴力侵害而来，最终往往需要朕之臣民去赔偿、恢复和补偿。例如，要求索取和接受其他新来商人或其代理的赔偿和补偿。此外，朕把此文件之权利授予商人冒险家们的总督，即前述的一位或多位总督或其不同形式、数量不等的代理和助理应拥有充分的权力和权威。作为前文已有的明确规定，为了更好地管理前文所称之一位或多位总督或其不同形式、数量不等的代理和助理，应为朕的商人们制定和颁布良好的条件规范。同样为了更好地遵守，商人们应有权制定和颁布所有通过并附以罚金、罚没和监禁等各式刑罚。其他由他们制定或他们的前任在过去制订，或此后由他们的继任者制定的所有法案和条例，他们认为对其无必要或有害的，应予撤销或中止。

按照公司意愿和许可，朕可随时取缔商人冒险家公司。特别是当发现他们敌对、背叛、违背选举出的一位或多位总督及其代理和助理（也包括暂时性助理），或由他们制定法案、法规、条例……且不管是已经制定好的，还是将来根据罪行的性质相应地用于惩罚和惩治的法案、法规、条例的作用和重要性的需要而制定的，不得暂时剥夺总督及其代理和助理的权力，也不得进一步上诉或挑衅。此外，朕希望通过将本文件授权给上述之商人冒险家们的一位或多位总督的那些形式不同、数量不等的代理和助理。他们应有充分权力，在朕的王国之内还有在加莱市和其辖区，来指派、委派和任命一位或多位不同官员。对于该官员，朕将授予其有权力和权威代朕行使对所有商人的征税和收缴各种罚款。如果朕之臣民因为涉嫌、违反或破坏由上述一位或多位总督和助理制定或将要制定的法规、法案和条例而被定罪并处罚，同样朕愿意授权官员或官员们有权力和权威来代表朕，并以应对不履行付款义务或在此方面拒不服从。如有必要，对这些在朕之王国内还有所述的加莱市及辖区的违反者可采取逮捕其人与没收其货物的措施。

若适逢上述24位助理中的任何一人因疾病、年龄过大、亡故或不愿意出席，要考虑的是助理的方式、形式和数量。在安排他们适宜地出席以前，若因上述原因亡故或不愿出席，如有必要，需立刻选他人代替他们。

上述一位或多位总督和助理在方式、形式和人数上应合法。正如之前明确规定的那样，可以安排以上述方式和形式将他们撤职和选择其他人代替他们的位置。前提是，如果出席的上述助理人数少于13人，则他们的整个协议所制定的任何法案或法规均被视为无效或不生效。

同样地，如果有任何法案或法令由此相同的13人或由上述一位或多位总督或其代理，以及上述的24人或他们中的任何其他数量人士制定，这些法案或法令有可能与朕、朕的王室、荣誉、王室尊严或特权相违背，或降低了朕的王国的公共福利，则该法案或法令也不可生效。

朕明确命令所有朕臣民中的商人，在任何情况下要准许执行并使商人冒险家们的行动、作为和功绩全部成为有助于和服务于所有法案、法规、条例和处罚条款的事物。作为一名商人冒险家在这方面应当这样做，并且有义务这样做。另外，每个此类商人或臣民都应按照上述方式、形式和人数服从上述一位或多位理事和助理，并加入上述商人冒险家的公司，根据制定于朕在位期间的巴黎高等法院的某项法案，可免于他们向汉萨同盟支付10马克"入门费"（应换算成英镑计数）。根据同一法案，这一政策可能会显得更为普遍。

朕将严格地命令朕的副郡尉和其他市政委员，以及目前在那里的所有其他官员，每次由一位或多位总督——前面叙述过的他们方式各异、形式不同、数量不等的代理和助理，他们应公开地、严肃地为时不时开在朕所说的城镇的每个集市之进出做毫不夸大的声明，且不可拖延或寻求其他成文或非成文的诫令。此外，朕愿意通过本文件，授给朕前述所称的一位或多位总督，他们可以下放方式各异、形式不同、数量不等的代理和助理以权力和权威，合法地在每个加莱市举办的集市结束和到期后作为期14天的推迟和延长。

朕授予商人冒险家公司权力和权威，前面叙述过的一位或多位理事，他们方式各异、形式不同、数量不等的代理和助理们，可以在朕所称的加莱市范围内根据其许可和意愿来选择，命令或分配道路工人、搬运工、测量工、打捞工、包装工，仅为其商品服务，而不必由朕的任何官员或任何其他人等的任何许可或受其阻碍，且不计是何人等。如果在此后的任何时候，它毁掉了上述商人向朕索求前往与朕交好的国家的际遇，凭此获得朕对其如此行事的应允和许可。则上述商人冒险家们就可以在上述的诸多国家，通过朕的授权文件，自由、全面地享有朕所称的可在加莱市享有的所有授权。

朕已命人将本特许状加盖朕的玺印，
于朕摄位第21年9月28日钦授于牛津

附录4　都铎王朝晚期特许状文本

都铎王朝晚期特许状文本（伊丽莎白一世1564年授予商人冒险家公司）

根据正本誊写的副本[1]

女王伊丽莎白一世特许状

蒙神恩，英格兰、法兰西和爱尔兰之女王，信仰之捍卫者等，伊丽莎白一世——

传诏于所有法官、市政官、警长、法警、巡警、海关官员、检察官、测量员、审计员和朕的要塞、海陆通道、港口、河湾的守卫等，向所有读到、听到或看到朕函诏的，朕的官员、臣民，并向每一位致意。

从朕尊讳的祖父、已故的英格兰国王亨利的珍贵记载中，其专属权证书上所载的授予日期为其在位的第21年9月28日，该年曾授权准许英国境内的商人冒险家们到荷兰、西兰、布拉班特、佛兰德斯以及其他毗邻之地。准许他们以商人冒险家的名义从事商品贸易。这些商人隶属于先王，前往、居留在先王统领的加莱市、荷兰、西兰、布拉班特及佛兰德斯，乃至海外其他与先王交好的地方。文中所称的商人冒险家们，他们可如过去那样只要可以使其满意，应该可以无论在何处皆可自由地、合法地在加莱市及其辖区内向其提供权力、许可、特许和职权，并可自行集会。而后，根据许可或意愿，推选出一位或多位自己的总督。在选举中，理事们要从不同的商人冒险家公司次级团

---

[1] 本文括号中的文字均为誊写时所加。——编者注

体中挑选、提名和任命24位最严肃最谨慎最诚实的人士。此24人应被任命为总督或总督助理。

根据本文件，任命朕可信赖的和受人爱戴的约翰·马斯绅士（John Marth Esquire）为公司总督，现任总督约翰·马斯及其下属的塞内加尔商人代表团和这位总督的24位助理们，凭朕尊贵的亨利七世先王和其他尊贵的先祖所授予的权利，要适时地从内部推举和选出。根据相同的意图和目标，约翰·马斯总督、两位代理以及24位助理的当选现已完全生效。近来，那些地方的诸商人冒险家由荷兰、西兰、布拉班特和佛兰德斯的总督和市政官制定和发布的条令、法令和文告，被禁止、阻止和阻碍到上述国家进行商品贸易。这一行为与早年间授予的特权和由此一直长期沿用的特权相违背，以致朕的商人们因此无法售卖朕王国的商品。为了维持和延续他们在东弗里兹兰、汉堡、吕贝克和其他国家或地区进行商品贸易，不管上述诸商人冒险家是否凭此前由朕的祖父或其他拥有特殊关系之商人，在加莱及其辖区具有排他原则的、朕的尊贵先祖制定后赐予他们的特许和授权的效力。那里存在上述各种各样的疑义，都应当在出现后予以消除。且在荷兰、西兰、布拉班特、佛兰德斯和其他邻近地区公司已经充分组建，而东弗里兹兰、汉堡、吕贝克和其他国家或地区尚不充分，无法实现将他们的所称的物件、货物、物品和商品贸易和交易到东弗里斯兰、汉堡、吕贝克和其他国家或地区，之后再交易给加莱及其提到过的辖区或交易给上述的荷兰、西兰、布拉班特和弗兰德斯。

因此，由于对上述诸商人及其继任者们的持有财富、获得利润和销售商品有着极度的热情和悉心的关注。朕将从今以后，以朕的特殊恩典，使其在商品的运营中，令其财富繁荣和发展达到其前辈的水平，并超越其前辈。

考虑到上述商人在各个不同时期为王室所做的忠实的和令人满意的服务，朕才于此前在上述总督和商人冒险家的谦卑请求和陈情后做出。自朕加冕以来，朕的王国一直发生各种惊天大事，而朕的诸商人一直在解决朕之疑惑和含糊不清的问题时令朕更加安心。对于特别感动的原因，朕对商人的工作感到非常欣慰。朕以本文件来表达朕的特殊恩典、特定认可和单纯动机。因为朕、朕的子嗣和继任者们将任命并授予上述诸商人冒险家，无论在现在或今后任何时间以任何名号来创办的、联手兴办的、命名的协会或公司，通过或凭借朕的祖父或任何其他尊贵祖先授予的任何特许状、专属证或特权，或凭任何惯例、服务回报或规定的效力，自即日起，通过本文件的效力和授权名实兼具。可以组建、组织、创办并成立一个永久性的协会、社团和政治团体和企业。且该组织应具有永久继承权和永久延续权，同时还应以英格兰商人冒险家的总督、助理和公司的名义为世人所称谓、称呼、知晓，并注册成立。还有，我们提到过和将要提到的约翰·马斯、伊曼纽尔·卢卡斯（Emanuel Lucas），以及托马斯·李爵士（Sir Thomas Leigh），弗朗西斯·罗宾逊（Frances robinson）骑士、威廉·杰拉德爵士（Sir William Gerrard）、约翰·夸尔斯（John Quarles）骑士、威廉·切斯特爵士（Sir William Chester）、约翰·布德雷（John Bodeley）骑士、理查德·马路里（Richard Mallorie）、威廉·格雷文（William Gravener）、理查德·钱皮恩（Richard Champion）、约翰·维奥莱特（John Violet）、托马斯·罗韦（Thomas Rowe）、托马斯·腾博（Thomas Turnbull）、罗杰·马丁（Roger Martin）、亨利·比彻（Henrie Beechar）、理查德·张伯伦（Richard

Chamberlain）、托马斯·布兰克（Thomas Blancke）、罗纳德·海沃德（Rowland Hayward）、威廉·彼得森（William Peterson）、爱德华·杰克曼（Edward Jackman）、杰弗里·沃克登（Jeffry Walkden）、里查德·兰伯特（Richard Lambert）、托马斯·斯塔基（Thomas Starkey）、阿诺德·托马斯·格雷沙姆爵士（Arnold. Sir Thomas Gresham），里查德·希尔（Richard Hills）骑士、劳伦斯·威瑟斯（Laurence Withers）、约翰·米尔纳（John Milner）、里查德·福尔克斯（Richard Fowlkes）、威廉·伊顿（William Eaton）、莱昂纳尔·达克特（Lionel Duckett）、爱德华·布赖特（Edward Bright）、威廉·吉福德（William Gifford）、爱德华·博顿（Edward Burton）、威廉·贝斯威克（William Beswick）、里查德·皮普（Richard Pipe）、里查德·斯波令罕（Richard Springham）、托马斯·沃克（Thomas Walker）、尼古拉斯·威勒（Nicholas Wheeler）、威廉·休伊特（William Hewett）、乔治·贝尔福德（George Balford）、约翰·格雷沙姆（John Gresham）、约翰·特拉夫（John Traves）、托马斯·黑顿（Thomas Heton）、托马斯·雷维特（Thomas Rivett）、马修·费尔德（Matthew Field）、亨利·维纳（Henry Viner）、爱德华·卡斯林（Edward Castlynne）、约翰·里维斯（John Rivers）。[1]

上述所有人等，已经被接纳。他们皆是现已获准进入商人冒险家公司的朕之臣民。他们新近可以在荷兰、西兰、布拉班特、佛兰德斯和其他与其毗邻的地方从事商品贸易。他们当中任何人做生意、所有其他人等无论任何时间、有任何国家财产或学徒关系的原因应该也必

---

[1] 上述使用的姓名，原书基本都是简写，已根据当时原件恢复为全名。——编者注

须按公司的条令和规定执行。如前所述被公司接纳入会而且具有会员权限。具有或将具有英格兰商人冒险家总督助理团体的准入权和公司的准入权。以此确认其多样性、区别性和自由性，并以此种方式和条件，在所有目的上都本应该或本就可能具有新近在荷兰、西兰、布拉班特、佛兰德斯和其他邻近国家进行贸易的上述商人冒险家公司的准入资格。而他们中的任何一个，根据同一个协会的规则和条例，通常被称为"商人冒险家"，而绝对不具有其他任何方式、形式、种类、品质或条件存在。

（此下重复上述的姓名，且与如下法案给出的姓名为相同人员）

进一步来说，朕以本文件，册封并委派上述约翰·马斯为英格兰商人冒险家公司的现任总督。

此前，英格兰商人冒险家公司未从上述协会或公司中推选出任何其他人士以下文提及的方式去做总督。今日朕将通过这些文件，册封并委派：

威廉·杰拉德爵士，骑士	托马斯·黑顿
理查德·钱皮恩	托马斯·雷维特
托马斯·罗韦	马修·费尔德
理查德·兰伯特	亨利·维纳
约翰·里维斯	弗朗西斯·罗宾逊
约翰·夸尔斯	杰弗里·沃克登
威廉·格雷文	托马斯·斯塔基
托马斯·腾博	理查德·希尔
亨利·比彻	约翰·米尔纳
托马斯·布兰克	爱德华·博顿

| 威廉·彼得森 | 理查德·皮普 |
| 爱德华·布赖特 | 托马斯·沃克 |

他们全体都是上述总督及其代理（们）的现任的助理，拥有并继续拥有上述总督及其代理（们）的助理的办事处、办公室或场所，直到上述英格兰商人冒险家协会以下文所提及的方式，推选出公司当中的其他人，拥有并使用上述的办事处、办公室或场所。

凭朕所说的，朕、朕的子嗣和继任者们来说的特殊恩典将通过本文件授予、任命：英格兰商人冒险家的总督、助理和协会及其继承者们，以英格兰商人冒险家的总督、助理和协会的名义。即日起，以英格兰商人冒险家的总督、助理和协会为名号，成为和应成为他们自身的和其继承者们的一个名实兼具的政治团体，以及永久的协会和社团。

为朕、朕的子嗣和继任者们，朕当真正地、充分地、完美地以此文件为公司执行注册成立、命名、授权、创办、昭告等权力。同时，为了朕、朕的子嗣和继任者，通过这些文件授权给所谓的英格兰商人冒险家的总督、助理和协会，并授权给其继承者们。他们和他们的继承者们将以上面同名的英格兰商人冒险家的总督、助理和协会的名义，拥有且可以永久拥有继承权，永久地用于上述英格兰商人冒险家的总督、助理和协会及其继承者们署理的事务和业务。拥有英格兰商人冒险家的总督、助理和协会的名义的他们和他们的继任者，从今以后可以在这块土地上永远拥有完全合法和完善的权力、能力和实力，可以起诉和控告、可以被起诉和被控告、可以答复和被答复、可以抗辩和被抗辩、可以传唤和被传唤……无论在任何多个或一个法官面前、宗教的还是世俗的法庭、单人或多人、一地或多地的一个法庭或多个法庭，也无论他们处于任何的物权诉讼、损害赔偿的诉讼、混合诉讼、巡回立法会的诉讼、宗教纠纷法庭的诉讼，亦适用于无论其以任何事件或任何方式关涉上述英格兰商人冒险家的总督、助理和协会或其他继承者。当然，也包括属于他们或他们的继承者们的权利、特权、准入许可、特许经营权、事务、土地、物业、可继承财产、货物、动产、债务或业务的所有其他的控告、令状、法案、诉讼、争端、交易、事务和传唤之中，而且以相同的名义，他们将会在此后的任何时候，从朕、朕的子嗣和继任者以及任何其他人、政治团体或公司那里，接受和获取任何形式的货物、不动产土地、矿权、世袭财产、许可证、准入权、特许经营权、利润分成、日用商品、义务的免除或任何其他的利益或事物。

为了朕、朕的子嗣和继任者们，通过本文件授予上述英格兰商人冒险家的总督、助理和协会各种权利。同时也包括其继承者们，他们和他们的继任者们以及他们中的每一个人。自此以后，可以时常地、永远地、平静地、自由地、合法地在海外适当的和正当的地点自行召集到一起，在荷兰、西兰、布拉班特、佛兰德斯、东弗里斯兰、西弗里斯兰和汉堡，还有前述的所属领土或上述此类地区当中的任何地区。在那里，英格兰冒险家协会应当前往和居于该地，而且在当地出售他们的商品。而且，还可以授权于彼时彼地的上述英格兰商人冒险家协会或当时当地他们中的绝大多数，应该可以用许可和意愿的名义，从上述的协会或公司中推选和选举一人作为该英格兰商人冒险家协会总督，推选和选举一人或多人作为上述总督的一位代理或多位代理，以使上述总督、一位或多位代理可以不时地选出并当选，其可以在上述职位上就职且继续任职，并且在上述协会或上述协会的大多数成员同意的情况下，如其固有的、根据前述的意志和意愿将这些官员们免职。

该英格兰商人冒险家协会及其继任者们或其成员中的大部分，可以前往上述的海外地点，且居住于该地并持续出售其商品，也能够从此不时地从该协会和公司中遴选出24位谨慎而诚实的人士作为该总督及其一名或多名代理的助理。同时，对于他们的继任者，同样选出的和将来会被选出的24人应当被称为助理，且应当在宣布以前不时地以不同的形式、不同方式选出。而且，通过本文件册封的24位助理，还有此后将当选为助理的其他人等应当继续于上述相同的地点、办公室、办事处和助理岗位，直到由朕的英格兰商人冒险家协会按前述的固定程序或由他们中的大多数人将其从他们上述的助理的办事处、办公室和职位上移除、移出和替换。

如果24位助理中的任何一位不幸去世，或者他们中的任何人可能因为生病、年龄及其他原因，不能置身于上述的助理的办公室、办事处或岗位；那么，如果由于上述多个原因或任何一个原因，应该考虑由英格兰商人冒险家协会或他们当中的大多数，遴选他人代替那些身故的或不愿就任的。也可以考虑由于上述任何一种原因适合被替换的人，方为权宜。

在那个时候和常规的情况下，正如前面提出的英格兰商人冒险家公司或其当中的大多数，当时提出让他们离职、替换、解职，而且另选他人去前述的他们的位子或办公室，应当是合乎法律的。

朕为朕、朕的子嗣和继承者们通过此文件授予英格兰商人冒险家的总督、助理和协会及其继任者们或如前所述的居于此位的大多数人，在总督或其一位至多位代理和助理的同意之下，或助理中的至少

13人同意，也可以从此永久地、每次全部地、时常地去批准、接纳、吸收个人或群体到上述的英格兰商人冒险家协会或政治团体中，而且通过前文提到过的、他们认为合适的方式和实用的形式裁定，使这些个人和群体获得准入。而且，他们不时地通过这些来提供准入的条件和差异以及多样性应该被认为是权宜的和必要的。

今后，所有人都将如前所述被允许、接受或加入英格兰商人冒险家协会或法人团体，并获准成为协会会员，成为上述英格兰商人冒险家协会一员。如果想成为法人团体的合法成员，必须以此种准入方式、准入条件和准入特征才能享有会员资格。如前所述，加入的时间可以延续到由英格兰商人冒险家协会及其继任者们或前述他们当中的大多数，以及在总督或一位至多位代理和助理当中的20位的同意；如因其违反规定或过失，他们应当从该特许经营中被移除、被退出、被替换。

前述的总督或一位乃至多位代理及所述的24位助理或大多数，依法行使全部的管辖权、权力和职权，来统辖和治理英格兰商人冒险家协会及其继任者。协会所有的商人和成员们之间，在荷兰、西兰、布拉班特、佛兰德斯、东弗里斯兰、西弗里斯兰、汉堡等国家和市镇，以及该地区或其中任何一个地区的属地，提请的动议或被动议的、所有的私人案件、诉讼、争端、轻微的不当行为、违法行为、控告等。在此基础上，平息他们内部、他们当中的任何人与其他在上述荷兰等等国家和市镇的商人的各种问题、纷争和分歧。同时，还要纠正和修正上述的协会或公司的商人，或者他们当中的任何一个人针对上述的海外国家或其中的任何一个国家的新来的商人的所有方式的侵入、伤害、渎职、越界、暴力和伤害行为。另外，对其他新来的商人的补偿、赔偿和改善应向他们的代理们提出,并从代理们那里获得。

朕为朕、朕的子嗣和继任者们通过本文件,授权英格兰商人冒险家的总督、助理和协会,还有其继任者们,对于上述协会当政的总督和他们当中的每个人自此以后召集、分派、指派和集合上述的英格兰商人冒险家协会的法庭和协会大会总是、通常是、永久是合法的。同时过去在伦敦金融城之内的地方和在朕王国的其他地方,与上述的弗兰德斯、东弗里斯兰、西弗里斯兰、汉堡及前面提到的属地或其中的任意一处地方,自此之后无论在何时,上述当政的总督、一位或多位代理或他们当中的任何人,为了英格兰商人冒险家的协会的利益,应被认为是可取的。

朕为朕、朕的子嗣和继任者们通过本文件,授予上述的英格兰商人冒险家的总督、助理和协会权力和职权,该当政的总督或其一位或多位代理和上述24位助理或他们当中的大多数和上述英格兰商人冒险家协会的各类人士,应当由某位或多位官员告诫和提醒注意,自当政的总督和其一位或多位代理或他们当中的任何人从任命之日始,要前往出席任何召集的集会,法庭或大会。经被任命或指派的官员提醒,他们或他们当中的任何人仍未按时间和地点前往和出席或者做了对协会公共利益不利,或对此前给予协会的特权或此文件授予的特权不利的事情,需终止其职权或在无保释金或重大奖励情况下予以关押,并依据其过失的程度,以罚金或罚款的方式另行惩处。

朕以本文件为朕、朕的子嗣和继任者们授权、授予和确立,若目前成为或者此后即将成为英格兰商人冒险家协会的会员的任何个人或人等,可在此后的任何时间,与任何出生在英格兰王国以外和其他朕的领土以外的女士婚配,该女士由自己或任何个人赢得、获得、取得和拥有，使用或基于信赖或委托使用在朕的王国以外的、海外的上述任何港口和地方的土地、房屋和不动产。届时，而且自成婚或置得地产后或让上述成婚或置地的该个人或人等，将依据事实本身，在被上述英格兰商冒险家们的总督、助理和协会，及其继任者们或协会中的其他人或其他人等，或该会的会员们证实、接受、承认之后，从协会中剥离。而从此以后，将被排除在属于上述英格兰商人冒险家协会的，或者属于任何该协会会员的任何个人的商品的许可、贸易、交易的优先权、司法权、发言权之外。

这些入会到上述商人冒险家协会，当时和后来与上述荷兰、西兰、布拉班特、弗兰德斯等国家和其他邻近这些国家的地方，或它们当中的任何一地进行贸易，或做商人冒险家的生意和交易的人士，在本文件发布之日以前，已经与生于上述英格兰王国和朕的领土以外女子婚配，或者此前已经为他或他们，他人或其他人等获得或取得位于朕的领土以外海外的任何地区的土地、房屋、不动产，只要在他和他的妻子居住在朕的王国以外或领土以外的时间里，抑或在他、他们、其他人等使用或信托或委托其拥有的在上述朕的领土以外的海外任何土地、房屋或不动产，从此无论如何应不许在上述协会集会，也不可出现在由上述英格兰商人冒险家的总督或代理、助理和协会，或他们当中的任何人举办的协商会、讨论会、理事会中。而以前包含在本文件中的任何事，不管任何其他事情或事件与之相矛盾，亦然。

朕极力要求此后为近期与上述荷兰、西兰、布拉班特、弗兰德斯和其他邻近地区进行贸易的商人冒险家们去担任谨慎的、诚恳的和体面的总督，从而为英格兰商人冒险家的总督、助理和协会保留、保持和保有最大的尊重。如同为了朕、朕的子嗣和继任者们一般，过去朕给予足够的恩典、特定的知晓和纯粹的动机，通过本文件授予英格兰商人冒险家总督、助理和协会以及他们的继任者们，当政的上述总督或其一位或多位代理或上述助理和他们的继任者们或他们当中如前述的时常应当在任的13人，从此应当并可以实施、确立、允许和确认，也可以撤销、取消和废止此前已经由上述的、近期与上述荷兰、西兰、布拉班特、弗兰德斯等国和其他邻近地区进行商品交易的、商人冒险家协会的总督或代理和助理制定的，或此前至今由上述英格兰商人冒险家们的总督、助理和协会要制定和实施的单一法案或所有的法案、法律和条例。

在上述荷兰等国家，东弗里斯兰，西弗里斯兰，汉堡和其他提到过的地域或其中的任一处地方的城镇，或在任何上述英格兰商人冒险家协会要前往和居住，以便其出售其商品的地方，应当从此以后，不时地，永久地通过、制定、发布和设立法令、法律、章程和条例。同时为了更好地管理、治理和组织上述英格兰商人冒险家的总督、助理和协会及其继任者们，还有每一位商人和该协会法人团体的特殊成员，以及朕、朕的子嗣和朕的继任者们的所有臣子和其他臣民们，我们将用各种方式，在上述荷兰、西兰、布拉班特、弗兰德斯、东弗里斯兰和西弗里斯兰、汉堡和该地区的领土或其中的任意一处地方的国家和城镇，入手、开展和实施上述商人冒险家的行当和贸易，且采取的法令、法律、章程和条例不得损害任何王室的权利、皇家的荣誉、尊严或特权，也包括减少朕的王国的公共福祉或与朕的法律法规相违背。当政的总督，他的代理（们）和上述助理们和他们的继任者们或这些人的大多数，应当和可以在此时，不论什么时候，此后一直可以在任何场合提供和将他们的前面所称的法令、法律、章程和条例，在朕的王国付诸实施的同时，在上述荷兰、西兰、布拉班特、弗兰德斯、东弗里斯兰和西弗里斯兰、汉堡和该地区的领土或其中的任意一处地方的国家和城镇也同样付诸实施。

此后不论什么时候，永久地，在任何场合下、在上述所有的海外的国家和城镇之内，自由地、合法付诸实施于该英格兰商人冒险家总督、助理和协会的已经成为其会员或此后将要成为其会员的每个人和所有人等。而且，由于参照在上述海外国家和城镇及其中任何一处地方，所有以各种方法、各种方式入手、实施和实行，或此后将要入手、实施和实行上述商人冒险家们的行当和交易的每个人和所有人、整体的或单个人的，那些此前曾为近期与荷兰、布拉班特、西兰和弗兰德斯，以及其他临近此地的地区，通过任何特权、权力、许可、准予、特许经销或授权的效力，此后将由国家城镇或其中的任意地区的领主（们）、总督（们）准许。进行商品交易的商人冒险家协会的总督、代理和助理们，他们所拥有、制定或使用的无论何种的单一法案，多个法案、法令、法规和条例，应制定、使用或设立并也应该和可以使这些法律条文不仅仅被强制限定于该英格兰商人冒险家协会，而且可以对于任何在上述海外的国家和地区做贸易、做生意和做交易的商人冒险家们，应遵守、执行所有的每一个以各种方式和方法、由他们所有人制定或将要制定的法案、法令、规定、法律和法条。

上述总督等应该处理那些不属于上述英格兰商人冒险家协会而做贸易又居上述海外任意国家或地方的、进行商人冒险家的商品贸易的朕和朕的子嗣及继任者们的任何臣民（们），可以对他们处以罚金、罚没、罚款、拘禁等。否则，那些臣民（们）必须服从、坚持和执行由上述总督、其代理（们）和上述助理们及其继任们或他们的大多数人制定、颁布、允许或确认的所有的命令、法案和法规，以优化对上述臣民（们）管理、治理、治安和处境，以便英格兰商人冒险家协会或他们当中任何人的状态不会被他们质疑和阻碍，而是务必、竭尽全力地保持和控制。

所有征收和收取的罚没、罚金、惩处和罚款应当用于和有益于在其位的英格兰商人冒险家总督、助理及其继任者们。

以朕的无上恩典，为朕、朕的子嗣及朕的继任者们，朕愿意直接地命令和指令，同时所有的每一位现在或将来成为英格兰商人冒险家总督助理和协会的法人团体的（众）成员和所有的每一位入手、开展和执行或此后将要以任何方法、任何方式，在荷兰、西兰、布拉班特、弗兰德斯、东弗里斯兰和西弗里斯兰等国家和城镇及其所属领土，在它们当中的任一地入手、开展和执行上述商人冒险家的贸易和行当的人士，他们和他们所有人自身，且在所有事务上，要服从上述的总督、代理（们）和助理们及其继任者们，遵守所有的如前所述已经制定和此后将制定的每一个法案、条例、法规、法律和法令，且不得以摒弃或违抗其权力和职权为由婉拒，也不得有任何进一步的申诉或挑衅。

朕王国中的所有市长、治安官、法警以及其他官员和大臣，以及他们中的当政的每一位都力求不时地、永久地支持和协助上述当政的总督、代理（们）、助理们以及他们的继任者们、他们的属下官员们，和他们当中的所有人执行上述法律、法案和法条，并且以法律、法案和法条的限制和认可，或未来发生的限制和认可，通过苦役或罚金来惩治违犯者和违反者。

如果上述当政的总督或其代理（们）或他的、他们的继任者们，在上述助理们或他们大部分人的同意下，对任何英格兰商人冒险家协会的人或不是这个协会的朕的、朕的子嗣的或朕的继任者们的臣民，因违反或反对上述由朕的意志和命令来制定或后来制定的法案、法规或法令，应当判其罪，送入牢房、看守所或监狱。

为了朕、朕的（子嗣们）和继任者们，朕也要授予给英格兰商人冒险家的总督、助理和协会以及他们的继任者们，牢房、看守所或监狱的狱吏们、看守们或监管者们时不时地把那些违法到应当被判罪并送其入狱的人（们），收押到他（们）的牢房里。对于没有保释金或担保金的，他们应当尽心尽力地保证关押的这（些）人的安全，直到这（些）违反者被上述总督或其代理（们）和助理们或他们当中的大多数或他们的继任者们释放。

朕、朕的子嗣、朕的继任者们在没有上述当政总督或其代理（们）和助理们或他们当中的大多数或者他们的继任者们的同意下，当绝不会靠保证金、保释金、担保金或其他方式将此等违反者从狱中或监牢中释放或放出，直到监押中的他们和他们当中每一个人应该已经服从和执行依据上述如前面提到的已制定或将制定的法案、法规和条例的所有事情。

违反者应当缴纳因其过失、渎职、违规而判罚或将判罚，如前所述违反任意因上述的商品贸易和交易而制定和将制定的法案、法规、命令和条令，由上述总督等判决应支付的所有的每一笔罚款和罚没。

上述罚款与罚金、没收财物与罚没和它们的每一项都将被要求、征收和缴纳。

为永久发挥英格兰商人冒险家们的总督、助理和协会及继任者们的职能，且对于上述当政的总督，或其代理（们）以及上述24名助理和其继任者们或他们当中的20人应当且可以是合法的，上述总督或其代理应有权将所有那些获罪的人（等）或犯下过失、渎职、违反和藐视任何如前所述在这方面已制定的或应制定的上述法案、法律法规、条例的人（等）辞退、撤职、离职并将他们清理出协会或公司。

为朕、朕的子嗣和继任者们，朕愿以本文件授权给上述英格兰商人冒险家们的总督、助理和协会，和他们的继任者们，上述当政的总督或其代理（们）和助理们或他们当中的大部，应具有永久全权和法定的权威来指派、组建、任命一名或多名不同官员——如同他们在朕的伦敦金融城以内，也在朕的王国所有其他地方以及朕在上述海外的国家与地区的其他领地，或其中任何一个国家和地区的领地内向上述不管是团体的成员还是非团体的成员，只要违反法令，便须征收各种罚款、没收商品、实施处罚。

朕也愿授权上述官员应该具有全部的权力和职权如在这方面拖欠付款或违命不从，如果需要将这些在朕的王国和诸领地之内的，还有上述海外地区的所有地方，违反者们或违犯者们的人员（们）连同其物品一起羁押。如果他们对那些自己的罪行和不法行为没有付出相应代价抑或没有得到上述总督等人的谅解，同样不准保释。

朕为朕、朕的子嗣和继任者们给予和赋予上述的总督等人朕的全部权力和职权，总督等人可以永久地在荷兰、西兰、布拉班特、弗兰德斯，东弗里斯兰、西弗里斯兰和汉堡等国家和城镇及其所属领土中选择、任命和指派过秤员、搬运工、测量员、折弯工和包装工，能够按照其许可和意愿，单为其贸易活动服务，无须任何朕的官员或任何其他人等的允许，他们也不得设置障碍。

朕将朕的无以复加的恩典，固定的认可和纯粹的动机赐予、授予和施与，并以此文件为朕、朕的子嗣和继任者们赐予，授予和施与总督等人和他们的继任者们，还有每一位当其时的会员，应该而且从此永久地，在朕的英格兰王国及朕的其他所有属地，同在荷兰、西兰、布拉班特、弗兰德斯，东弗里斯兰、西弗里斯兰和汉堡等国家和城镇及其所属领土在内一样，使他们、他们的继任者、所有人等拥有、使用、享有行使此类的上述授权、许可、特许经营权、豁免权、优先权、行政权、权威、司法权、特殊权益、关税权、惯例、利益以及所有其他迄今为止由尊贵的先祖父或其他任何高贵的祖辈或其他外邦的君主，上述荷兰、西兰、布拉班特、弗兰德斯或其他邻近商业地区的当权者等颁布的许可状或专属许可中包含、指定、声明或授予的事物。也可由于习俗、惯例或规定，其中任何使用和享有上述特许或其中任何部分出现罚没、不用或误用。即使有相反的情况和事情亦然。前提始终是朕的特许状、专属权或其中所包含的任何内容在任何情况下都不会对英格兰斯塔普商人协会或其继任者，或对上述协会中的任何特定的个人带来伤害和损害，现在是或以后皆是如此。而他们和他们中的每一个人都将并且可以拥有并享有朕或朕的任何先祖迄今为止授予他们的所有此类授权、许可和特权等，抑或他们、他们中的任何人迄今为止依法使用或以他们或他们任何人在提交本文件之日之前可以尽可能地采取充足、充分的方式和形式使用本文件中包含的任何理由、条款或限制，哪怕存在相反规定。

因此，朕将会把你们和你们当中的每个人托付给适合于此事业的那些人，你们和你们当中的每个人要允许和经受英格兰商人冒险家的总督、助理和协会，以及他们的继任者还有现在或以后将成为该公司成员的每个人和全体人员，完全且平等地使用、理解和享有公司和授权的全部效用，并不受任何形式的阻碍和拒绝，令你等难堪和被反驳。

对于朕的子嗣和继任者们，朕将直接赋予和命令每一位官员、大臣、朕的子嗣和继任者们以及臣民，对上述的总督等在使用、行使、执行和满足全部和每一个前提条件。即他们每个人都情愿在所有事情上和全部的时间里提供帮助，以便我们可以因为其应有的忠顺给予其称赞和表彰。但当朕与他们面对极度的危险时，他们反其忠道，朕必挟怒以对。前提是，只要朕认为在任何时候撤销、颠覆、破坏朕目前的授权和专属证书或本文件中包含的任何条款、事项或原因对朕来说是有益的，那么应该并且可能在朕此生的任何时候对朕来说都是合法的，以加盖了朕的英国国玺的其他专属权证书来指导总督或其代理或助理，来撤销、废止和废除朕的专属权证以及上述包含的所有授权、协议和条款，甚至于其中对于朕来说是合适的协议和条款，即可废除。而后，朕的这些专属权证，或那些包含在其他朕此生在任何时间以朕的名义加盖英国国玺的特许证来向上述当其时的总督或其代理或助理表达和声明，朕乐意从此以后其被废除或废止到完全作废或失效。无论出于何种意图和目的，即使其文件中的任何内容均与本文件相反。朕甚至更愿意，朕为自己，朕的子嗣和继任者们授予本文件，如果朕在此后任何时候废除了朕的这些专属权或上述文件包含的任何授权、协议或条款。哪怕如此，不管文件制定以前如何称呼它（们），如何为人所知晓，上述英格兰商人冒险家总督、助理和协会，将从此以后拥有、使用、持有和享有所有此类的授权、许可、特权、特许经营权、司法权和使用权，就如同迄今为止由朕的高贵先祖或任何其他外国君主或当权者授予他们或他们当中的任何人，在文件制定以前曾经使用或依法享有，或此后将要使用和享有，凭借任何其他的授权或许可，如同此后由朕授予他们，通过建立授权来制定合法使用、规定、惯例，上述对许可文件中的任何内容或任何其他事项的废除，不管存在任何相反的情况，亦然。

朕愿总督等让这些加盖了英国国玺的专属权证书，不带任何罚款和费用，或多或少地用于朕、朕的子嗣或继任者，或其他地方，因明确提及英格兰商人冒险家协会公司及公司，或上述公司及协会的商人们，或其他确定的营业场所，或其他由朕或朕的先祖们授予的，任何特定的人（们）的爵位与其他文件都予以支持。另外，给上述商人冒险家总督、助理们和协会或当前被授予或此后成为会员而将被授予的任何人（人们）不在任何法律法规、习惯或任何其他事项充分且特别地规定了的文件范围之内，不管其中有任何疑义或问题。

以兹为证[1]，朕已令本文件为专属权，于朕执政第6年7月18日在威斯敏斯特亲鉴。

1　原文为大写。——编者注

附录5　斯图亚特王朝特许状文本

斯图亚特王朝特许状文本（查理二世1670年授予哈得逊湾公司）

根据正本誊写的副本

陛下颁予哈得逊湾总督和公司的皇家特许状[1]

蒙神恩，查理二世——英格兰、苏格兰、法兰西和爱尔兰国王、信仰的捍卫者等，将此文件诏告所有人，并致以敬意：

兹有朕至亲至爱的堂亲莱茵普法尔茨选帝侯、巴伐利亚和坎伯兰公爵等称号的鲁珀特亲王（Prince Rupert, Count Palatine of the Rhine, Duke of Bavaria and Cumberland, etc.）、阿尔伯马尔公爵乔治（George, Duke of Albemarle）、克雷文伯爵威廉（William, Earl of Craven）、阿灵顿勋爵亨利（Henry, Lord Arlington）、阿什利勋爵安东尼（Anthony, Lord Ashley）、约翰·罗宾逊爵士（Sir John Robinson）、罗伯特·维纳爵士骑士（Sir Robert Vyner, knights）、准男爵彼得·科尔顿爵士（baronets. Sir Peter Colleton）、准男爵爱德华·亨格福德爵士（baronet. Sir Edward Hungerford）、巴斯骑士保罗·尼尔爵士（Knight of the Bath, Sir Paul Neele）、约翰·格里菲斯爵士（Sir John Griffith, ）、菲利普·卡特雷特爵士（Sir Philip Carteret）、詹姆斯·海耶斯爵士（Sir James Hayes）、骑士约翰·柯克（knights, John Kirke）、弗朗西斯·米林顿（Francis Millington）、威廉·普里特曼（William Prettyman）、约翰·芬恩

---

[1] 本特许状正式颁发于1670年5月2日。——编者注

（John Fenn）等绅士们，以及伦敦市民兼金匠约翰·波特曼（John Portman），正是他们付出了巨大的代价和费用，在美洲西北部的哈得逊湾进行了一次旨在发现一条通往南海新通道的探险，而且为了建立某些毛皮、矿产和其他重要商品的贸易。肩负如此的重任，他们已经有了非常重大的发现，为鼓励他们按照上述规划继续推进，以此方式为朕和朕的王国带来更多的益处。

鉴于此，为进一步鼓励上述规划，承办人已谦卑地恳求朕令其成立法人团体，并将所有这些位于通称为哈得逊海峡的海峡入口内的、目前朕的任何臣民或任何其他基督教君主或国家的臣民实际上都尚未拥有的海洋、海峡、海湾、河流、湖泊、小河和水道，以及前述的海峡、海湾、湖泊、河流、溪谷和水道的沿海海域的所有土地、国家和领土的全部贸易和商业，授予他们及其继承者们。

由于希望获得一切可能有利于朕人民的公共福利的努力，并鼓励上述事业，朕以特殊的恩典、特定的赏识和纯粹的动机，为朕、朕的子嗣和继任者们通过本文件给予、准予和批准：

授予上述的堂亲鲁珀特亲王、阿尔伯马尔公爵乔治、克雷文伯爵威廉、阿灵顿勋爵亨利、阿什利勋爵安东尼、约翰·罗宾逊爵士、罗伯特·维纳爵士、彼得·科尔顿爵士、爱德华·亨格福德爵士、保罗·尼尔爵士、约翰·格里菲斯爵士、菲利普·卡特雷特爵士、詹姆斯·海耶斯爵士、约翰·柯克、弗朗西斯·米林顿、威廉·普里特曼，约翰·芬恩和约翰·波特曼，他们和其他应被接纳为上述协会的成员，如下文所述，将成立一个法人团体和政治团体，名实兼具，名为与哈得逊湾贸易的英格兰冒险家总督和公司（The governor and company of adventurers of England, trading into Hudson's Bay），他们以与哈得逊湾贸易的英格兰冒险家总督和公司的名义，成立一个法人团体和政治团体。名实兼具，真正地和完全地永久有效。

为朕、朕的子嗣和继任者们，朕通过本文件建立、任命、组成、设立、批准和宣布：

他们以与哈得逊湾贸易的英格兰冒险家总督和公司的名义，将拥有永久继承权。他们和他们的继任者们，也以与哈得逊湾贸易的英格兰冒险家总督和公司的名义，在法律上具有且在此后的任何时候都将具有购买、接收、拥有、享有和保留土地、租金、特权、许可权、管辖权、特许经营权、继承世袭财产权的能力和权责，也有给予、授予、转让、分配和处置土地、房屋和世袭财产，以及与对他们来说应该或可能会做的事情的相同名义来处理、分配所有或单个其他事物的权责。并且他们和他们的继任者们，以英格兰冒险家总督和公司名义，可以在任何法庭和任何地方的任何法官以及其他人和官员面前，就无论是何种类型、性质或种类的诉讼、抗辩、争端和质询进行任何申辩与被起诉、回答与被要求回答、辩护与被要求辩护，且与任何朕在英格兰王国的忠诚的臣民无异。

作为在法律上有行为能力的人，可以或能够拥有、购买、接收、占有、享有、保留、给予、授予、终止、转让、处置、辩护，且可以被辩护、处理、允许和执行。并且，上述与哈得逊湾贸易的英格兰冒险家总督和公司及其继任者可拥有公章，以服务于他们及其继任者们的所有事务和业务。上述总督和公司及其继任者们可在任意时间根据其意志和意愿，按照其认为合适的方式，可将上述印章中止使用、更换、重新制作或更改，其为合法。

朕将通过本文件为朕、朕的子嗣和继任者们，授予此后的上述公司中的一人当选后予以任命，根据此后本文件的表述，其应被称为该公司的总督。

上述总督和公司应该并且可以按照本文件下文规定的形式选出七名成员，称为上述公司的委员会；该委员会由七人或他们当中的任意三人组成。他们连同该公司当前的总督或总督代理，负责该公司的未来发展方向、该公司所属船舶和商品的供应、在该公司的所有或任何航程和船舶上返航带回的商品和其他物品的销售，以及管理和处理其他所有商务事务和该公司所属物品。通过本文件，朕还将为朕、朕的子嗣和继任者们，任命和授予上述的总督和公司及其继任者们，使他们从今以后将永远依照此后在本文件中表达的方式和形式，受到管辖、命令、治理，而非其他方式。并且他们将拥有、持有、保留和享有，仅在此后由本文件授予和表述的授权、许可、特权、管辖权和豁免权，而没有其他权利。并且为了更好地贯彻朕的意志，通过本文件，朕已经为朕、朕的子嗣和继任者们委派、提名、指派和任命且朕委派、提名、指派和委任朕所说的表亲——鲁珀特亲王——成为上述公司的第一任与现任的总督，并自本文件生效之日起持续担任上述职务，直到随后的 11 月 10 日[1]。他，即鲁珀特亲王应继续任职，直至上述公司以下述形式选出新的总督。朕还通过这些文件为朕、朕的子嗣和继任者们委派、提名和任命，朕委派、提名和委任上述提到过的约翰·罗宾逊爵士、罗伯特·维纳爵士、彼得·科尔顿爵士、詹姆斯·海耶斯爵士、约翰·柯克、弗朗西斯·米林顿和约翰·波特曼，他们将成为上述公司七个首任与现任的委员会成员，从本文件生效之

1　指 1670 年 11 月 10 日。——编者注

日起直至随后的11月10日,之后依旧担任,直至新的委员会成员由以下文提到的形式选出。

朕将为朕、朕的子嗣和继任者们授权本文件给上述的总督及其继任者们,对于上述在任的总督和公司或者和他们的大部分人来说,他们合法地出席通称为常设议会的公共会议,其将由公司召开,公司的总督应始终有资格,不定期选举、提名和任命公司人员中的一名为其代理。代理应在该公司在任的总督和公司的另外3名委员会成员面前手按着《圣经》宣誓,表示将尽心尽力,真诚、忠实地履行上述公司总督代理的职责。并且在他如此宣誓之后,如遇公司总督不在场的情况下,可临时履行该公司总督的职权,如其总督应做的那样。

朕通过为朕、朕的子嗣和继任者们将本文件授予与哈得逊湾贸易的英格兰冒险家的总督和公司,以及他们的继任者们,他们或他们的大部分人、其中的现任总督或其代理,有资格此后不定期或一直,应且可能有权力和职责在每年11月的第一天到最后一天之间在某个合适的地方召集和召开会议。且可不定时由总督来任命,或在其缺席的情况下,由该总督的代理代行其事。当上述公司以及届时恰好出席的大部分人员,其中的总督或其代理,有资格选举并提名该公司中的一人为该公司的总督,任期一整年。随后,如上述所说,被选举和提名为公司的总督的人,在其正式上任之前,应在上一任总督,即前任总督或前任代理,以及公司的任何三名或更多委员会成员前手按着《圣经》宣誓,他会一直在公司所有相关事务中尽心尽力,真诚地履行公司总督的职责。且在宣誓之后,他即刻可以在随后的整整一年中行使公司总督的职权。

还有与之类似的,朕同样愿意准许上述公司或协会的每一个人,以及此后被该公司接纳为会员或成员的所有人，在公司总督或其代理面前手按《圣经》宣誓，以达到通过总督和公司，或者公司的大部分成员，在为该公司而召集的任何公开的议事会上，被以合理合法的方式确立及规划，然后才获准或接受他们以该公司的会员的身份开展贸易或从事交易。

为了朕、朕的子嗣和继任者们，朕将本文件授予上述的总督和公司及他们的继任者，以及上述在任的总督或代理公司其余的成员和其继任者们，或大部分公司的成员可以不限时地、此后不时地或一直有权在每年11月的第一天和最后一天之间，在合适的地方召集在一起。并最终由总督指定，或在总督不在场时由其代理指定地点。而且，在如此集会以后，上述在任的总督和其代理以及公司，或他们当中的大部分，他们恰逢出席会议，他们当中的在任总督或其代理，有资格选举和提名该公司中的七人，这将成为上述所谓的公司委员会的成员。在他们获准正式履行职责之前，应在总督或其代理和公司的任何三名或三名以上的委员会成员面前手按《圣经》宣誓，他们中的每一个人都将尽心尽力、忠实履行所有的委员职责，并且在宣誓后，随后立即行使他们的职权。任期为一整年，此为合法。

朕愿意且乐于为朕、朕的子嗣和继任者们，通过将本文件授予上述总督和公司，以及他们的继任者们，每当发生在任的公司总督或代理，在他们如前所述被提名、当选并宣誓就职为上述公司的总督的职位后一年的任何时间之内去世，或在总督或代理的职位上履职不力，朕将根据该公司其他人员或大部分人员的意愿予以免职。且此事应呈交公司的常设议事会的公共会议。另外，在任何上述总督或代理去世或被免职后的合适的时间内，公司在任的其他人员或其大部分成员可在其认为合适的方便地点集会，选举公司的总督或代理总督。同时，在当时当地出席会议的该公司或他们中的大部分人，应该在当时当地未离开之前，选举和提名上述公司中的他人为上述公司的总督或代理以替代和替换该去世或被撤职的人员。如此被选举和提名担任上述公司的总督或代理的人应在当年的剩余时间里担任并履行该职务。如前所述，首先宣誓就职，执行后生效；并且根据情况需要不定时地采取此方式，此为合法。

朕愿为了朕、朕的子嗣和继任者们，通过将本文件授予上述总督和公司，无论何时发生，该公司委员会在任的任何人，在他们或他们中的任何人被提名、选举并宣誓就任公司的委员会成员职务后一年内的任何时间里去世，或上述公司的委员会成员履职不力从公司被免职后，朕将根据上述总督和公司，或他们中的大部分人的意愿，将其罢免。同时，由上述公司在任的总督或代理来出任。随后，上述在任的总督和公司的其余人员或他们当中的大多数，其中就有在任的总督或其代理来担负，在委员会中的任何一个人死亡或解职后，应该在合适的时间内，由委员会自行召集到一个合适的地方——比如，通常或惯例上的选举上述公司总督的地方，或是上述公司在任总督指定的地方，此为合法。且上述总督和公司，或他们其中的大部分人，其中当时在场的在任总督或其代理，有资格在当时当地，在他们离开上述的地方之前，从上述公司中选举和提名一人或多人以代替公司中因现任死亡或已被免职的一人或多人。这样提名并选举的该公司委员会成员，应在当年的剩余时间内拥有和行使该职务的权利。如前所述，要首先经手按《圣经》的宣誓，按文件预期执行，此事可根据情况的需要不定期执行。

朕会以更大的恩典、肯定的赏识和纯粹的动机授予、授权和批准、鼓励与哈得逊湾贸易的总督和公司承担、成效地持续执行朕的规划。朕以本文件,为朕、朕的子嗣和继任者们,把位于哈得逊海峡的海峡入口内的、无论处于任何纬度的,所有海域、海峡、海湾、河流、湖泊、溪谷和水道的独家贸易和商务,授予、授权和批准给上述总督和公司以及他们的继任者们。连同前述这些海域、海峡、海湾、河流、湖泊、溪谷和水道毗邻的,实际上尚未为任何其他基督教君主或国家的臣民所拥有的所有国土、海岸和海洋边界上的所有土地和领土,在领域内的海洋、海湾、河湾和河流中捕捞鲸、鲟鱼和所有其他皇家鱼类;连同上述边界范围内海岸上的海洋税费,以及所有已发现和未发现的金、银、玉石和宝石等皇家矿藏,在上述的领土、边界和地方发现或发掘的所有矿藏,此后该土地被视为和誉为朕在美洲的种植园或殖民地之一,称为鲁珀特领地。

为了朕、朕的子嗣和继任者们,朕以本文件打造、创建和组建现任的总督和公司,以及他们的继任者们,为上述领土、范围、地方的真正的和绝对的领主和所有者。他们将在所有其他的领域内,始终保留对朕、朕的子嗣和继任者们的信仰、忠诚和君臣的纲常,使其拥有、持有和享有上述领土、范围和地方,以及无一例外的其他前述特此永久授予他们总督和公司与其继任者们的经营领域,连同它们和它们的所有的权益、成员、管辖权、特权、特许权使用费及其任何附属物,代朕、朕的子嗣和继任者们拥有。即与朕在肯特郡的东格林尼治采邑一样,实行非依附性普通农役;非领受土地且无骑士义务;按年度向朕、朕的子嗣和继任者们缴纳和支付收成的贡赋等等。无论何时,只要朕、朕的子嗣和继任者们将特此授予的上述国家、领土和地区加入协议。

朕愿意也乐于通过本文件，为朕、朕的子嗣和继任者们，朕授予上述总督和公司以及他们的继任者们，上述总督和公司及其继任者们不定时在朕的领地内或其他地方的合适地点自行集会，商讨关于上述贸易的任何事项、事业、事务或业务，并为上述公司和其中的事务召开委员会会议。对于他们或其中大部分人来说，当时当地出席这样集会也应当是合法的。在这样的（一些）地方，在任总督或其代理有资格，来设立、规定和制定诸多的合理法律、章程、法令和条例，以使当时当地在场的他们，或他们中的大部分人，为了很好地管理上述公司，以及管理所有殖民地、要塞和种植园、代理商、货船长、船员和在上述任何领土和土地上，以及在他们的任何航行中，雇用或将雇用的其他官员的总督们，为了更好地推进和继续上述的贸易或交易以及开发种植园，上述被制定的法律、章程、法令和条例，相应地投入使用并实施，并按他们的意愿可视情况的需要而撤销和更改，这应视为必要和合适的。

上述的总督和公司，他们每每以如前所述的方式制定、规定或设立任何此类法律、章程、法令和条例时，上述在任的、当时当地出席的总督和公司或他们中的大部分人，对所有违反此类法律、章程、法令和条例或其中任何一项的违犯者，可以合法地施以、制定、限制和提供如此的罚金和刑罚。对于遵守上述的法律、章程、法令和条例，上述总督和公司或其代理一直有资格，被视为必要的或合适的。并且，可以不定时地由他们为此目的而任命的官员和雇员征收、收取的上述罚款和罚金以供总督和公司及其继任者们使用，而无须朕、朕的子嗣和继任者们的官员和大臣们，也无须朕、朕的子嗣和继任者们太过费心。如前所述地制定的法律、章程、法令和条例,无一例外地,朕希望其被充分遵守并通过包含在其中的刑罚得以维系。因此,上述的法律、章程、法令和条例、罚款和处罚尽可能一直合情合理,而且不是不近人情或令人反感的,而是尽可能接近合乎朕的王国的法律法规或习俗。

朕以浩荡皇恩、特定的赏识和单纯的动机,为了朕、朕的子嗣和继任者们,把本文件授予上述总督和公司以及他们的继任者:

他们和他们的继任者们,以及他们的、为了他们和代表他们的代理人、雇员,自此永远拥有、使用和享有不仅仅是完整且全部和唯一的贸易和交易的许可,以及完整且全部的和唯一的与上述领土、范围和地方进出口的贸易和交易的许可、使用和特权。还有进出口所有港口、海湾、溪谷、河流、湖泊和海洋的完整且全部的贸易和交易,他们要找到进出上述领土、范围和地方的水路或陆路的通道。他们与所有原住民、民众、居民或将要居住在前述的领土、范围和地方内的人一同开展贸易和交易。与所有毗邻上述领土、范围和地方之海岸而居的其他国家一同开展贸易,这些国家必须未曾为人所占,或没有被授给朕的王国中的其他臣民开展贸易和交易的独家许可或特权。

以朕的更多的王室恩赐,以朕更特殊的恩典、固定的赏识和单纯的动机,为朕、朕的子嗣和继任者们,通过将本文件授予上述总督和公司以及他们的继承者,以前述方式特此授予的领土、范围和地方,还有岛屿、避风港、港口、城市、市镇,以及其所属和包含的任何地方,都不允许朕、朕的子嗣和继任者们的臣民,违反此文件所表达的到访、常往或常住。凭借朕的皇家特许权,朕不会就此令其而争论或质疑。以朕、朕的子嗣和继任者们的名义,朕直接要求、命令和禁止朕、朕的子嗣和继任者们的所有臣民，无论他们是任何阶层也无论他们品行如何，他们都不可直接到访、光顾、经常光顾或从事贸易、交易，或做商人冒险家，通过在上述借此授予的领土、范围或地方进出口商品，或除总督和公司，还有现在或以后属于该公司的那些特定人员、他们的代理、代理商、受让人等之外的任何人，除非先经得总督和公司的以书面形式的许可和协议，后加盖公章以获得。靠每个人或这些人与任何上述任何国家、领土或范围进行贸易和交易的辛劳而得到的授权，不同于上述总督和公司以及他们的继任者们。如果违反朕所说的禁令或违反这些文件所表达的主旨，都必将招来朕的震怒，并被罚没和损失上述货物、商品和其他任何物品，且将被带回英格兰王国或上述任何领土，或上述总督和公司应在朕的管辖范围之外的、基于朕的专属特许证授权上述公司的代理、代理商或受让人贸易、交易和居住的其他地方找到、捕获和俘获。如船只和船舶及其装备及船中的货物、商品，以及其他取得和发现的物品。上述所有被罚没的物品一半归朕、朕的子嗣和继任者们所有；凭此文件，另一半为朕，朕的子嗣和继任者们给予和授予上述总督和公司以及他们的继任者们所有。此外，所有的违反者，因为他们上述对法律的藐视，而受到如此惩罚，对于朕、朕的子嗣和继任者们来说，都可视为是合适的或适宜的，直到他们和他们中的每一个人在上述在任的总督前不得不缴纳至少1000英镑。而后的任何时间都不得与上述任何地方、海洋、海湾、海峡、港口、避风港或领土进行贸易和交易，与朕为此制定和公布的明确诫命相悖。

以朕更特别的恩典，为了朕、朕的子嗣和继任者们，特授予上述总督和公司以及他们继承者：

朕、朕的子嗣和继任者们，不会与朕的专属特许状的主旨相悖，向任何人（们）授予许可、特许或权力，或与本文件的含义相悖。未经上述总督和公司或他们中大部分人的同意，让其在前述明确规定的任何领土、范围或地点进行贸易、交易或居住。

以朕给予上述总督和公司更为浩荡的皇恩和恩典，朕在此宣布朕的意志与意愿：

如果有任何人成为或要成为向哈得逊湾贸易的英格兰冒险家公司的会员，在哈得逊湾从事商品贸易，应在任何一艘或多艘被指定进行航行或其他方式的船舶出发之前，以手写的书面形式，承诺或同意给商业冒险的任何一笔或多笔资金用于提供任何供应品或任何航程的给养。已提出或将要提出、计划或打算提出，由出席任何通称为常设议事会的公共会议的上述总督和公司，或他们当中的多数，在上述总督和公司或他们已知的官员或臣下向他或他们发出警告后的20天的期间内，不得将上述人员或以上述人员的此类款项拿到手并交付给公司任命的会计（们），按照由上述人等与所说冒险家（们）的名义认罚的书面表述和记载。那时和之后的任何时候，对于上述总督和公司，或他们中的大多数，其中的上述总督或其代理有资格，在他们的任何常设议事会或大会，根据他们的意志和意愿，将他或他们以及每个这样的人驱逐并剥夺其权利。并且被如此驱逐和剥夺权利的这个（些）人，不得与上述的国家、领土范围或其任何地方进行贸易；没有上述总督和公司，或在常设议事会出席的他们当中的大多数人的特别许可，不得使其在任何上述公司中与公司进行商人冒险业务、进行股票交易、持有股票。就此而言，应首先拥有和获得特别许可，哪怕在本文件之前无论有任何与此中内容相悖之事，亦然。

附录6 汉诺威王朝特许状文本

汉诺威王朝特许状文本（维多利亚一世1889年授予英属南非公司）

根据正本誊写的副本

维多利亚女王的皇家特许状

维多利亚，蒙神恩，大不列颠及爱尔兰联合王国女王，信仰的捍卫者。

致所有此文件可呈阅者，敬启：

兹有至为尊贵的、三级丙等巴斯勋章持有者阿伯康公爵詹姆斯（James Duke of Abercorn），至为尊贵的法夫公爵、最早的骑士和最高贵的蓟花勋章持有者、枢密院大臣亚历山大·威廉·乔治（Alexander William George），吉福德勋爵、维多利亚十字勋章持有者埃德里克·弗里德里克阁下（Edric Frederic Lord Gifford），来自开普殖民地的金伯利、好望角殖民地的执行理事会和众议院成员塞西尔·约翰·罗兹（Cecil John Rhodes），伦教荷尔蓬高架路29号商人阿尔弗雷德·贝特（Alfred Beit），诺森伯兰豪威克的绅士阿尔伯特·亨利·乔治·格雷（Albert Henry George Grey），以及伦敦列诺克斯花园18号的绅士、讼务律师乔治·考斯顿（George Cawston），在朕的议会中谦卑地向朕陈情请愿。

除其他事项以外，上述请愿陈述如下：

请愿人和其他人等是为组建一家公司或协会而建立联系，若朕认为合适，将以英属南非公司的名称创立，以实现上述请愿书中要求的目标。

此后，一家强大的英国公司将会出现，且由朕信任的臣民把控。其主要业务领域位于贝专纳兰（Bechuanaland）以北和葡属东非以西的南非地区，将有利于朕的臣民在英国和朕的殖民地的商业利益及其他利益。请愿人希望与居住在上述地区的某些酋长和部落达成各项许可和协议，请愿人此后可能在上述地区或非洲其他地方获得的其他许可、协议、授权和协定得以实施，以促进前述这些许可、协议、授权和协定。其中，也包括或可能包括提及地区的贸易、商业、文明和良好的行政管理（包括对当地人的酒类运输的监管）。

请愿人认为，如果上述许可、协议、授权和协定能够付诸实施，居于上述领土的当地人的生活条件将得到实质性改善，其文明将得到进步。他们希望成立一个倾向于压制上述领土中奴隶贸易的组织，以向欧洲人开放在上述地区移民，并向朕的臣民和其他国家的人民开放合法的贸易和商业。

如果朕用以上名称或名号，或其他名称或名号授予他们作为英国公司的皇家法人团体的特许状。且特许状拥有朕认为适合更有效地实现英国在当地权力扩大，那么请愿人所从事的企业的成功将大大推进。

请愿人和其他人士为了创建该公司，已认缴大笔款项，如果朕愿意向他们授予王室特许状，他们也准备认缴或筹措上述公司发展所需的其他款项。

因此，目前经过朕将上述请愿书纳入朕的议会御前议事事项之中，并确信请愿人的意图是值得赞扬和鼓励的。而且所述请愿书中的企业可能会产生其中所述的利益之后，以朕的皇家特许、特殊恩典、特定认可和纯粹动机，为朕、朕的子嗣和王室的继任者们，建立、设立和成立一个政治兼法人机构，冠名为英属南非公司。上述阿伯康公爵詹姆斯、法夫公爵亚历山大·威廉·乔治、吉福德勋爵埃德里克·弗里德里克、塞西尔·约翰·罗兹、阿尔弗雷德·贝特、阿尔伯特·亨利·乔治·格雷和乔治·考斯顿以及其他人等及其团体，将永久成为由此文件来建立、设立和成立的政治和法人团体的成员，永久继承并拥有印信。此外，他们有权自行决定更改或更新，并有权授予进一步的权力和特权，并遵守朕之特许规定的条件。

朕特此相应地做如下规定、给予、授予、建立、委任和宣布：

1. 英属南非公司（在本特许状中称为"公司"）的主要经营领域为英属贝专纳兰以北、南非共和国北部和西部，以及葡萄牙自治领以西的南非地区。

2. 为达成公司宗旨，并根据本公司特许状的条款，特授权公司持有、使用和保留上述特许权和协议的全部利益，以及上述特许权或协议中包含或提及的所有利益、权限和权力。只要这些特许权和协议有效，或它们两者任何一项有效即可。但本协议中的任何内容均不得损害或影响上述任何酋长或部落可能做出的任何其他有效且存续的特许权或协议。特别是本协议中的任何内容均不得损害或影响1880年及其后授予的、关系到通称为塔蒂地区领土的某些特许权，也不得解释为在塔蒂地区内给予任何行政或其他管辖权，该地区的范围如下，即沙希河（Shasi）源头到其与塔蒂河（Tati）和拉玛卡班河（Ramaquaban）的交汇处，且由此处沿这些河流的流域。

3. 经朕的内阁大臣（以下简称"朕的大臣"）批准，特此进一步授权公司可随时通过任何特许、协议、授权或协约，获得所有或任何权益、管辖权和任何种类或性质的权力。其中包括以行政管理为目标的权力、维护公共秩序或保护上述特许权和协议中包含或提及的或影响非洲其他领土、土地及财产或其居民的领土、土地、财产所必需的权力，以及持有、使用和行使这些领土、土地、财产、权利，分别为公司目的和朕的这个特许条款规定的利益、权限、管辖权和权力。

4. 这些特许权、协议、授予或协约的副本，连同细致的筹划或详细信息，必须以朕的大臣要求的形式，送交其批准验证，并且他已经表示完全的批准，或有任何条件或有任何保留的批准，方可根据或就任何上次提及的那些特许权、协议、授予、协定来行使管辖或行政权力。此外另有一个前提，即未经与上述地区有关的上述特许权的当时的所有者事先书面同意，以及朕的大臣的批准，公司不得在上述塔蒂地区内获得任何权利、利益、权限、管辖权或权力。

5. 公司应无一例外地遵守并履行上述任何特许权、协议、授权或协定中就其本身而言的所有规定。还须遵守朕的大臣批准的实施于这些规定的任何后续协定。

6. 公司在性质上和法定驻地上应始终为英国所有，并应在英国设有总部办事处、在南非设委任代理人，董事们应始终是英国本国出生的英国臣民或根据英国国会法案入籍为英国公民的人。但本条款不应剥夺根据本特许状提名的任何董事的资格，也不应剥夺经朕的大臣批准当选董事的资格。

7. 在任何时候，如果居住在上述任何领土上的任何酋长或部落与公司之间出现分歧，如果朕的大臣提出要求，公司应将该分歧提交给他以供其决定，公司应按照该决定行事。

8. 在任何时候，朕的大臣合理提出对公司与外国的贸易持异议或反对的意见和建议，公司支持。

9. 在任何时候，朕的大臣认为对上述领土的任何地区提出不利索赔或对此地区不利为由，反对公司在该部分行使任何职权、权力或权利是合适的，公司应遵从该异议，直到朕的大臣撤回或最终处理、解决任何此类主张为止。

10. 公司应尽其所能，以其认为必要的方式维护和平与秩序，并可为此目的制定法令（待朕的大臣批准），并可建立和维持一支警察部队。

11. 公司应尽其所能劝阻，并在可行的范围内逐步废除上述地区的任何奴隶贸易或家奴制度。

12. 公司须规范管理上述地区内的烈酒及其他令人致醉的酒类贸易，以便在切实可行的范围内，尽量防止向任何本地人出售任何烈酒或其他致醉的酒类。

13. 公司本身或其高级职员本人，不得以任何方式干涉上述领土上任何阶级、部落人民或任何当地居民的宗教。除非出于人类利益的需要，所有形式的宗教崇拜或宗教仪式都可以在上述领土内进行。除上述提及的情况外，不得对其进行任何阻碍。

14. 在对上述人民或居民进行司法审判时，应始终认真考虑当事各方所属阶级、部落或国家的习俗和法律，特别是事关土地和商品的持有、占有、转让和处置，以及随之的遗嘱继承或无遗嘱继承，还有婚姻、离婚和嫡庶关系。当然也包括财产权和人身权，且须遵守在上述任何领土上有效的、适用于其人民或居民的任何英国法律。

15. 在任何时候，朕的大臣对奴隶制、宗教、司法，或任何其他事项对公司与上述领土的人民等任何居民有关的诉讼程序或制度的任何部分，只要他认为合适，就会向公司表明他的异议或反对，公司应按照其正式指示行事。

16. 如果公司获取了任何港口，公司在为朕的船舶提供所有设施时应予免费，但所做的工作或提供的服务、材料、物品的合理费用除外。

17. 公司应在每年财政年度结束后，尽快向朕的大臣提供财政年度内用于行政目的的支出账目，以及除商业利润外通过公共收入收到的所有款项，同时还要提交关于其公共事项和其运营范围内领土状况的报告。公司也应在每个财政年度开始时或之前，向朕的大臣提供下一年度行政支出和公共收入（如上定义）的估算。此外，公司还应不定时地向朕的大臣提供他可能要求提供的任何报告、账目信息等。

18. 根据官制的隶属规则和可能达成的任何规定，公司的几名高级职员应与朕驻南非高级专员和任何其他可能驻扎在上述领土内的高级职员自由沟通，并应适当考虑上述高级专员或其他官员应向他们或其中任何人提出的任何要求、建议或需求，公司有义务遵守他们提出的条款。

19. 公司可在其建筑物上、上述领土内的其他地方，以及其船舶上悬挂和使用朕的大臣和海军本部委员不限时批准的具有显著特征的、表明公司英国属性的旗帜。

20. 特许状中的任何内容均不得视为授权公司确立任何贸易垄断权。但为银行、铁路、有轨电车、码头、电报、自来水厂或其他类似企业设立或授予特许权，建立经朕的大臣批准的任何专属权或版权的体系不得被视为垄断。公司不得直接或间接阻碍任何目前在上文所述的塔蒂地区内居留或开办企业或商业冒险的人员，但可以通过允许和便利，以一切合法手段在塔蒂地区或其对此拥有管辖权的地方往返塔蒂地区，并利用所有其他合理合法手段鼓励、协助和保护，现在或以后可能合法、和平地参与该塔蒂地区合法企业经营的所有英国臣民。

21. 为了维持大象和其他猎物的数量，公司可以制定其他规定，并且可以对捕杀及获取大象或其他猎物征收他们认为合适的许可证税。此类规定中的任何条文均不得延伸至削弱或干扰任何以条约的形式保留给任何本地酋长或部落的狩猎权，如果任何此类规定可能与设立和执行禁猎期有关，则不在此限。

23. 公司应遵守、履行和承担朕与任何国家或势力之间的任何条约、协议或安排中包含的所有义务，无论是已经制定的还是将要制定的。在所有与遵守本条款相关或与在目前公司领土内根据《域外裁判权条例》行使朕的任何管辖权有关的事项中，公司应遵守、遵从和执行朕的大臣为此不限时发出的所有指示，且公司应任命所有必要的高级职员来履行此类职责，并应随时提供司法所需的法庭和其他必要条件。

24. 公司的原始股本应为100万英镑，分为100万股，每股1英镑。

25. 以此特许状的宗旨，公司可不限时获得进一步的特别授权和批准的权利：

> （1）发行不同类别或种别的股份，增加公司股本，并可通过债券或其他债务进行借款。
>
> （2）收购、持有、租赁或以其他方式处理蒸汽船和其他船舶。
>
> （3）为符合特许状规定的宗旨，可设立或授权银行公司和其他公司，以及各种类型的企业或协会。

（4）可建设和维持公路、铁路、电报、港口和任何其他可能有助于公司领土发展或改善的工程。

（5）可经营采矿业和其他行业，并对采矿优先权或其他权利进行许可。

（6）可改善、开发、开垦、灌溉和耕种公司属地内所包含的任何土地。

（7）可在任何上述此属地和土地上移民定居，并辅助和促进移民工作稳步进行。

（8）可以按年限或以永久的方式授予土地，可以是完全授予，也可以是抵押授予或其他方式。

（9）为促进公司的任何目标，可贷款、捐款或捐赠可变现的物资。

（10）可获取并持有个人财产。

（11）可为了公司的办公事务和业务，在任何时候收购和持有（无抵押许可证或本公司特许状以外的其他授权）在英国的土地，总面积不超过5英亩，以及（根据任何当地法律）在朕的任何殖民地或属地和其他地方的土地，以便于公司的财务管理；同时，也可以在不需要的情况下不限时地处置任何此类土地。

（12）可开展与公司目标有关的任何合法商业、贸易、事业、业务、经营或交易。

（13）可以在朕的殖民地和属地以及其他地方建立和维持办事机构。

（14）可以以公司注册的名称，在朕英国的法院或殖民地及属地的法院，抑或朕在外国或其他地方的法院起诉和被起诉。

（15）可行使或享有特许状中明令或提及的公司权利、利益、权限和权力，或其中任何一项所附带或有助于行使以及享有的所有合法事项。

26. 在特许状签署之日后一年内，或在朕的大臣可能证明的延长期内，公司当时的成员应签署一份和解契约，但必要的前提是：

（1）公司的目标和宗旨的进一步定义。

（2）公司资本划分的股份类别或说明，以及就此进行的催缴、公司成员资格的条款和条件。

（3）利润的分成和分配。

（4）公司股东大会上，朕的大臣可以任命（如其有此要求）一名正式董事，以及公司董事和其他高管的人数、资格、任命、薪酬、轮换、免职和权力。

（5）公司成员的登记以及公司资本股份的转让。

（6）在股东大会上提交给成员的年度账目的编制。

（7）独立审计师对以上账目的审计。

（8）章程的制定。

（9）公司公章的制作和使用。

（10）委员会或地方管理委员会的章程和规定。

（11）补充和解契约的订立和执行。

（12）公司事务的清算（如有需要）。

（13）公司及其事务的管理和规范。

（14）就特许公司而言，通常或适当规定的任何其他事项。

27. 和解契约应在签署前，提交给朕议会的上议院并经其批准，且由御前会议常任书记官签署批准证书。该批准证书应以特许状为支撑，并作为该批准的决定性证据。此和解契约应自该批准之日起生效，并对公司、公司成员、高级职员和雇员具有约束力，无论有无其他的任何目的皆是如此。

28. 和解契约或任何现行补充契约的规定可随时通过补充契约予以废除、变更或添加，并以和解契约规定的方式制定和执行。但其前提是，未经朕的大臣明确批准不得废除、更改或增加任何此类契约中与正式董事有关的规定。

29. 公司成员应单独对公司的债务、合同、约定和义务承担责任，但仅限于其各自分别持有的股份在当时未支付的金额（如有的话）。

30. 在上述和解契约生效之前，阿伯康公爵詹姆斯担任代理主席，法夫公爵亚历山大·威廉·乔治担任代理副主席；吉福德勋爵埃德里克·弗里德里克、塞西尔·约翰·罗兹、阿尔弗雷德·贝特、阿尔伯特·亨利·乔治·格雷和乔治·考斯顿担任公司代理董事，并可代表公司进行特许状项下应由公司或代表公司进行的所有必要或适当的事情，且不管公司和解契约中有任何规定。但行使这些权利的前提是，阿伯康公爵詹姆斯、法夫公爵亚历山大·威廉·乔治、阿尔伯特·亨利·乔治·格雷未退休，可继续担任公司董事直至去世、无行为能力或辞职（视情况而定）。

31. 朕进一步地规定和声明，朕的总督们、朕的海军和陆军军官们、领事们，以及在朕的殖民地和属地、公海和其他地方的其他官员，应将承认本特许状，他们应各自分别竭尽全力令其发挥效力，并应承认在所有方面协助公司及其高管。

32. 朕进一步规定和声明，特许状将在朕的英国法院、朕的殖民地或属地法院，以及外国或其他地方法院，以对公司最有利和最有益、最充分的利用方式进行解释和判决。当然，此特许状中可能还会存在一些不完全陈述、错误陈述、不确定性或不完善之处。

33. 朕进一步规定和声明，即使以公司的名义或和解契约发生任何合法变更，此特许状仍应存续并继续有效，此类变更须由朕的大臣事先同意后手书签署。

34. 朕进一步规定和声明，朕特此以特许状生效之日起至25年结束时，以及在接下来的每10年结束时加盖联合王国玺印，明确保留朕的子嗣和继承者们的权利和权力，以增加、修改或废除此特许状的任何条款，也包括制定其他条款来取代或补充其任何现有条款。但如此保留的权利和权力只能在特许状中与行政和公共事务有关的部分行使。朕进一步明确，保留朕本人、子嗣和继任者们接管属于公司的任何建筑或工程的权利，这些建筑或工程专门或主要用于行政及公共目的，可向公司支付可以商定的合理补偿。如果未达成协议，则由朕的财政专员解决。朕进一步安排、指示并声明，任何加盖玺印的书面文件均具有完全效力，并对公司、其成员、高级职员和雇员以及所有其他人具有约束力，其效力、作用和有效性与本文件的规定相同。

35. 朕进一步声明，此特许状中的任何内容均不得被认为或被视为以任何方式限制或限定朕在任何领土保护或领土内行政管辖方面行使任何权利或权力，如果朕认为合适也可将公司土地纳入朕的属地。

36. 朕最后规定和声明，在无损于属于朕、朕的子嗣和继任者们的法律来废除此特许状的任何权力的情况下，或独立于本文件、声明和保留之外的任何王室成员、大臣或官员，在任何时候发现公司实质上没有遵守和遵从此特许状的规定，或者公司没有行使上述特许权、协议、授予和条约项下的权力。可以以请愿人的形式向朕陈述利益，这些利益可能会通过此特许状的授予而得到推进，这对于朕的子嗣和继任者们是合法的。朕特此明确保留并行使朕的子嗣和继承者们的权利和权力，以加盖朕联合王国的玺印的方式可撤销此特许状，并撤销和废除授予公司的特权、权力和权利。

兹以此鉴证，朕已将本文件列为专属权证。

于朕摄位第53年10月29日，朕钦鉴于威斯敏斯特。

授权令依女王亲笔签名。

缪尔·麦肯齐